打破富不过三代的魔咒

跨代领导力

刘有辉 著

英国科学出版社

跨代领导力 - 打破富不过三代的魔咒

作者：刘有辉
封面设计：毛学军
策划：禾场
电邮：michael@cil.bz

 禾场

出版：UK Scientific Publishing Limited
地址：69 Aberdeen Avenue, Cambridge United Kingdom CB2 8DL
电话： +44 7770720569
开本：US Trade (6 x 9 in / 152 x 229 mm)
书号：ISBN 978-1-915648-01-3

关于本书的最新动态欢迎访问：
www.ilovetgl.com （国际）
www.myhechang.cn （中国大陆）

献给我的妻子
每当我将要放弃的时候
她都是我最坚强的支撑

献给我的父亲
他教会我正直

献给我的母亲
她教会我理想

目录

推荐序一：**从源头汲取力量/弗朗索瓦** I

推荐序二：**可持续性：赎回精神资本/李庆发** III

推荐序三：**又大又难的事/刘春梅** VIII

推荐序四：**真正的传承/汪岩焯** XI

推荐语 XIII

第一章　**寻找真正的驱动力**　1

中国：最大的财富传承蓝海 /2

死路一：产品驱动 /4

死路二：工具驱动 /6

出路：跨代领导力驱动 /8

从一个烧钱的故事说起 /10

三个驱动力的对比表 /15

如何使用本书？/17

第二章　**财富传承的四个陷阱**　24

有多少爱可以重来？/25

陷阱一：丢掉 /28

陷阱二：分掉 /31

陷阱三：拖掉 /34

陷阱四：花掉 /37

终极一问 /39

第三章　　**跨代领导力概论**　　41

金钱与财富的区别 /42

如何战胜巨人？ /46

领导力与理财师 /50

领导力基础 /54

跨代领导力的定义 /58

跨代领导力的四个象限 /62

领导力坐标轴 /66

代际坐标轴 /70

第四章　　**发现目的**　　77

财富传承的冰山模型 /78

跨代领导力的世界观 /80

5P传奇人生之旅 /86

指导原则到信念 /92

家训：水喝出酒的味道 /96

核心价值观：门钉与门第 /99

第五章　　**培育文化**　　110

好土与种子 /111

如何叫醒装睡的人？ /118

传承规划3必问 /126

可转移概念 /134

第六章　**塑造影响**　138

死循环 /139

门得模式 /150

控制的癌症 /156

3S影响力法则 /160

第七章　**扩张疆界**　172

必有一战 /173

先要降服 /183

挺进应许之地 /189

唤醒狮子和鹰 /202

附录　207

附录一：《价值密码》卡片分类桌游 /208

附录二：《财富探索》破冰桌游 /215

附录三：《看见传承》卡片分类桌游 /222

附录四：例证应用索引 /224

致谢　226

从源头汲取力量

一晃已经认识有辉多年，这份友谊在我心中一直是可贵的。《跨代领导力》这本书内容厚重，充满真知灼见，我相信它必然会让中国商界和财富家族大大受益。有辉是一位颇有建树的国际企业家，同样身为企业家和商业书籍的作者，我知道独立完成这样一本实用著作需要耗费多少时间和心血，但有辉可以做到，我对此并不惊奇。因为他一直是一个无私的人，一个"仆人式领导力"的践行者。

我不懂中文，但我从《跨代领导力》的英文概要中可以清晰的判断这是一本非常及时的书。中国经济的发展举世瞩目，中国财富的增长一日千里。我去过中国很多次，也多次分享门得基金会的经验，我知道华人富裕阶层面临的挑战和困惑有多大。难能可贵的是有辉的《跨代领导力》一书没有回避任何难题，而是自信的给出了全局性的和建设性的意见。

本书的一个重点是对于领导力和权力之间关系的讨论，尤其是代际传承过程中的权力问题。基于我和有辉共同的信仰，我们都相信：那些不受约束的极权和越俎代庖的控制，无论对于个人、团队、组织还是家族来说，最终都不会带来永续，也不会带来影响力的增加，而是走向基业长青的反面。放权与控权当然需要智慧的平衡，我今年82岁了，在退休前的几年，我越来越倾向于放权，看到青年一代的成长，是我最大的快乐。

一本书的成功与否在于作者是否可以真正改变读者的看法。最后结果如何，主动权当然在读者自己手中。我深深感到《跨代领导力》是一本很强大的书，如果你愿意，它将会改变你的一生。

有辉是一位饱学之士，《跨代领导力》旁征博引，尤其从古老的犹太智慧文学和犹太家族历史中汲取养分，开创性的提出了跨代领导力四个象限的模型，我相信这个创新模型必然会成为一个经典模型，给当今和以后的许多家族和领袖带来高屋建瓴的启示。作者的推理和假设是建立在造物主是一切力量之源的坚实基础之上的，所以真正的领袖必然是管家的角色、仆人的角色。管家和仆人的核心职责是领受来的，是主人授权和分权的结果。主人才是力量的源头，明白了源头是哪里，才有真正获得力量的可能。管家永远不能成为主人，所以管家永远不要像主人那样运用权力。

任何被赋予权力、财富和资源的人都应该从本书中汲取智慧，我相信本书的价值和相关性永远都不会衰减。

弗朗索瓦·范·尼克尔

FRANCOIS VAN NIEKERK

门得集团（Mergon Group）创始人
门得基金会（The Mergon Foundation）设立人
南非著名慈善家
《商业的荣耀》作者

可持续性：赎回精神资本

中国谚语说"富不过三代"，美国也有"三代又赤膊（shirtsleeves to shirtsleeves in three generations）"的说法，这些谚语通俗的描述了从先辈继承财富的子孙们，在进行财富管理时候的无能为力：一代创业、二代守业、三代败业。

"富不过三代"到底是谬论还是真理？很多研究机构给出的结论大相径庭。某研究显示10个家族中有9个财富到第三代就消亡了，而哈佛大学的一个权威研究却挑战了这个结论。

不管哪种观点，有些家族在第二代、第三代或后面的世代中失去了财富或企业，但有些家族则逆流而上，生生不息。

为什么有的家族成功，有的家族失败呢？没有简单的答案，也没有轻而易举的解决方案。也许我们需要一个更加全面的药方。

当我们尝试聚焦解决企业、金融和法律问题的时候，太多建议最后都事与愿违。虽然我们需要对金融资本有合理的关切，然而家族财富永续的关键却在于社会资本与精神资本。

社会资本和精神资本是由什么构成的呢？最核心的是道德、价值观和信任。如果没有诚信和建立在持守最高道德标准，以及价值观上无可挑剔的文化，再精明的商业模式、财务策略、产品或服务都将无济于事。

有了对的文化，解决方案和决策才会促进企业的长期可持续性，而不是短期的利益。

有辉的书直击社会资本和精神资本的本质问题。他充满激情的阐述了世界观、文化和价值观在基业长青中的作用，这本书无疑是关注财富永续的家族与执业者的必读之作。

他热情地阐述了建立良好核心价值观的重要性。我们的价值观和信仰决定了我们的世界观，世界观反过来又影响了文化。我们所拥有的价值体系和道德标准是我们的信仰、家庭、权威榜样和环境影响的产物。

核心价值观帮助我们发现我们生活与工作的目的，为我们生活所有方面的决策提供框架。当然也定义了我们对子孙后代的传承。

这本书将极大地帮助人们发现他们的核心价值观，确定他们的生活目标，并将自己的影响力扩张出去——家族、社区以至于民族。

创始族长的成功无疑是良好的核心价值观和坚实的企业治理的成果。然而，他们辛苦挣来的财富的未来取决于能否将这些核心价值观成功传递给后代。

后代还能保守这些社会资本和精神资本并在其上建造吗？诚实、正直、荣誉、谦卑和公正等美德是建立诚信的基础。诚信是商业的货币。50多年金融和投行的工作经验让我得出一个结论：诚信是企业成功与持续发展的最关键因素。

在我的职业生涯中，我主办过好几次新加坡交易所的首次公开发行(IPO)。这些公司中有许多来自中国。

一家公司要在证券交易所上市，目的是要从公众那里募资为增长提供资金，并尽可能实现较高的估值。公众对公司的信任程度是公司能否实现这些目标的关键。

这是为什么任何投资者都会首先询问："我能把我的钱托付给这家公司的所有者和管理层吗？"其次，信任水平越高，投资者越愿意接受公司在合理范围内的较高估值。

很多时候，企业的失败不是由于错误的预判或失误的决定，而是由于欺诈、不诚实和不正直。备受关注的中国某连锁咖啡的失败案例就是明证。

犹太人不但做生意精明，同时也以有能力让自己的生意和财富代代相传而著称。犹太文化要求父亲从小教儿子《妥拉》和一门手艺。《妥拉》即摩西五经，包括创世纪、出埃及记、利未记、民数记和申命记五本书。以人类繁荣为目的，《妥拉》为犹太人确立了关于生命和人际关系的价值观与规律。

其中的一本书指示了父亲将造物主的价值观和教诲传授给儿女的重要性："要殷勤教训你的儿女。无论你坐在家里，行在路上，躺下，起来，都要谈论。也要系在手上为记号，戴在额上为经文；又要写在你房屋的门框上，并你的城门上。"

传承规划，譬如撰写一个家族宪章，如果只关注有形财产的继承，并不能确保几代人之间持续的经济繁荣。没有了把家庭凝聚在一起的粘合剂——爱——它就只是一张百无一用的废纸。传承规划必须首先处理无形资产——创始族长的精神和价值观，以确保持续创造财富。有辉这本书对所有的读者都发起了这样的挑战。

今天的年轻人迫切需要属灵父亲。族长需要为后代提供精神层面的领导力。西方谚语说得好，"价值观可以被捕捉，但无法被教导（Values are caught not taught）"，属灵父亲不仅在思想上，更要在心灵上影响下一代。

有辉的书体现了他自己的世界观和核心价值。我深有共鸣，备受鼓舞。

在有辉邀请我写序的的时候，我问他为什么是我？他的回答谦卑，也深深的鼓励了我。我从来没有意识到我们的友谊以及我和他分享的东西对他产生了如此深远的影响。

2018年，我第一次在新加坡的一个大会上结识有辉。第二年他参加了一个新加坡的研讨会，我在研讨会上的论题是价值观、世界观和文化，以及这些要素如何塑造人们的生存方式，这些讨论给他留下了极深的印象。

再后来，他几次造访新加坡，我也和他分享了我正在撰写的商业书籍。鉴于他流利的英文以及和我相似的世界观，我就请他翻译我正在规划的新书。

他很荣幸的接受了我的邀请，并陪同我在新加坡和香港对亚洲的许多著名企业家进行研究和采访。

我们还花了很多时间在一起喝咖啡聊天。我和他分享了我的经历、想法和我的书的内容：那些杰出的商业精神所代表的世界观。

他从我们的谈话与采访中得到了很多启示，这些启示都被他以自己的视角融入了书中。在他的电子邮件请求中，他说他把我视为他的"属灵父亲"，我给他们夫妻留下了一份持久的传承。他的话让我倍感谦卑，同时也非常欣喜能对年轻一代产生影响。

财富的创造、投资和保全应该带上责任感，这是《跨代领导力》的重要倡导，我的新书也涉及这个范畴，所以我们二人的著作是相得益彰的。

人类的共同繁荣是我们合力贡献的焦点。我们共同盼望财富不仅仅惠及你的家庭，也要成为社区的祝福，尤其是帮助穷困的人，为公共利益服务。

我坚信有辉的书将对许多家族产生深远的影响，这些家族将接受挑战，更加负责的管理他们有幸拥有的资源，不仅为他们自己，且在自己的利益以外，改善同胞的福祉。

李庆发
Georgie Lee

50年经验的投资银行家、作家
新加坡星展唯高达证券（DBS Vickers）创立人
新加坡大华继显证券（UOB Kay Hian）创立人
主办多家新加坡交易所的IPO，包括中国企业

又大又难的事

基业长青真的是又大又难的事。大是因为我们都希望自己的子孙有更卓越的管理，实现倍增的果效甚或完成自己未竟的梦想；难是因为虽然国际上已经有许多百年家族，但我们华人虽然有了财富，传承却不知如何下手。

如果有一个方法可以让你的家族企业成为百年企业，而且一代比一代做得更辉煌，我想大家会趋之若鹜。

《跨代领导力》就是为此而诞生的。

感谢有辉邀我作序，让我先睹为快。翻到书的目录就非常兴奋，仿佛此书是为我量身订制的，因为我所热切追求的传承理想竟然以实操落地的方式被淋漓尽致的呈现了。

《跨代领导力》这本书有系统的思路、真实的案例和精美的图解。手捧此书，仿佛我的手中有了一把开启基业长青的钥匙，虽然我的孩子年龄还小，企业还年轻，但因为心中有了思路，就对未来充满了信心。

书中开篇讲到真正的驱动力是方向，好比一辆汽车加满油，如果手握方向盘的人没有方向，一切都是枉然。考上985的学生多数是因为自驱力，而不是外来的压力。个体成长应该建立在坚实的信念之上：相信自己，认识自己，有自己的人生蓝图，知道我是谁，我从哪里来，总之，那来自伟大目标的召唤才是人生的第一驱动。我觉得本书以建立正确的信念为核心是非常好的，因为一个家族领袖以此为根基去经营自己的家族，子孙方能长久兴盛，这是值得每个领袖去深思的地方。

作为一个格言爱好者，我非常赞同座右铭文化。人有了明确的人生指导原则，就会更有信心，通过不断的强化，让座右铭所代表的信念成为我们的第二本能，指导自己的思维、工作和生活，进而改变周围的人和事，不是用强力，而是用信念，我想这就是领导力的魅力吧。

"在价值观不能当饭吃的文化中，只能产生权力的依附者和金钱的倾慕者，但无法产生崇高意义的跟从者。这样的社会不会产生伟大的创新、自由和文化。" 类似这样警句，在本书中随处可见，我知道这未必是多数人的选择，但在时代的洪流中，我们为什么不可以做逆流而上的勇敢的鱼呢？

《跨代领导力》是一本超级实用的书。比如玩过书里的"数字游戏"的人，都会惊叹有了正确的信念可以让决策的速度翻倍；比如满足感曲线，我相信和我一样的青年企业家都会一下领会，一味的追求增长或消费无法给人生带来深度满足，而要去综合的构建自己的影响力。

《跨代领导力》是一本充满启发性比喻的书。好土的比喻让人明白，一个人必须提前翻土和施肥，即预备好心灵，才能让价值观和信念的种子生根发芽；面酵的比喻让人懂得，要想催化他人，你必须让自己发酵起来。

在写序的期间，我刚好在旅游，去参观了一个某某大院。导游介绍说摆放在大厅里的600罐铜钱是在院里金库挖出来的，换成现在的货币可以上福布斯富豪榜了，听到这里，我不仅感慨万千，对我也有非常大的启发：作为一个财富管家，千万不要像古人那样人去世后，财宝一同埋在了土里，也不要像书中第二章里写道的掉进财富传承的四个陷阱，即丢掉、分掉、拖掉和花掉。传承是多么重大而紧迫事情啊！如果这位古代富豪不是专心藏钱，而是有生之年能够将部分财富来培育家族的人心，让人心成为一块好土壤，将正确的价值观传递并扎根在家族成员的生命细胞里，我想就算到了今天，他的族群也一定是一个基业长青的样本。

想到自己要为《跨代领导力》作序，站在大院的中间，似乎站在了历史的十字路口，兴废如潮起潮落，唯有那些有智慧的人，才经久不息。

借用《跨代领导力》最后一章的寓言故事，我想对其他企业家和家族领袖说，我们是鹰，到了振动翅膀的时候了，我们属于长空万里，那又大又难的事情，必然在我们这一代做成了！

共勉之。

刘春梅

利索服饰创始人
7G服饰主理人
ASYOURSELF主理人
慈善家

推荐序四

真正的传承

我曾经是一名律师，从2004年开始的专业领域是信托、资产证券化，专注于境内信托财产独立性的研究和实践。从2014年开始从事境内家族信托的搭建，继续专注于信托财产的独立性，但是涉及到的法律比较研究更加广泛。后来自己学习了一些离岸和美国的信托制度。我确信华人的财富传承是一件有意义的事业，且信托是核心的工具之一。我很长时间确信和庆幸自己超脱了产品驱动，庆幸自己深度参与了工具驱动的路径建设，我甚至觉得我的职业经历某种程度上是为家族信托预备的。但经历很多与理财师、客户及其家人的沟通，参与和服务了各种金融机构、专业机构在家族信托领域的实践，经历了很多成功或不成功的家族信托案例，以及看到了传承背后各种人性写照之后，我开始发自心底认识到：价值观的转化，才应该是财富传承背后正确的动机、确保传承有效实现的保障，甚至是家族应该真正追求的目标。

这对于中国当前的客户、从业人员、信托公司、各类服务机构都是极大的挑战。首先需要的是从业者思考自己的人生和价值观。我从哪里来？我往何处去？我敢不敢与众人不同？服务顶端客户的家族办公室，这个距离金钱最近的地方，是无法回避上述问题的。我深深感受到价值观的冲突。"光照在黑暗里，黑暗却不接受光。"我曾经按照我的信仰和价值观创作家族信托的法律文件，经历了技术层面、行为方式层面的各种冲突。这两年我开始意识到工具端的局限，以及隐藏在工具背后的、隐喻般的价值观表达方式，是不足够的。财富传承必须从价值观的转变开始，并渗透到工具、产品、服务的全部链条当中。

有辉不仅仅专长于家族信托的专业技术，并且在价值观如何塑造财富传承方面的领受远远走在了我的前面。本书是迄今为止国内唯一一本在深刻理解工具和技术，经历多年一线实践之后，结合了创造论价值观来阐述华人财富传承的著作。本书以跨代领导力为切入点，深入细致阐述了财富传承过程中两代人应有的价值观选择，以及从业人员应有的价值观选择。对很多内容，我深深感受到直击内心的挑战和启发。在今天这个特定的时间和大环境下，本书的观点提供了华人财富传承实践破局前行的关键指导，无论对客户不同代的家庭成员，或者各种背景出身的从业者，均有很强的指导意义。比如于我本人而言，我久久思考书中提出的一个问题："有多少钱才是够？"本质是要回答：我的人生，究竟什么是最重要的？

虽然"黑暗却不接受光"，但黑暗无法战胜光明是不争的事实。期待本书能唤醒读者发现内心中哪怕一点点微小的光，希望这点光能越照越明，借助于财富传承，能在夫妻、父子、家庭、事业、社区各个场景中，让光破壁而出，活出不一样的人生。

汪岩焯

境内家族信托法律专家
历任执业律师
信托公司高管
财富管理公司高管

推荐语

财富管理市场的启明星

"寻找，就寻见；扣门，就给你开门。"非常感恩，是刘老师打开了我对财富传承执业者认知的大门。产品驱动和工具驱动是目前市场上两个主流思路，但这都不是传承的有效出路，传承的真正意义不是让钱更多，让税更少，而是跨代领导力的培养。跨代领导力是思想和生活方式，并不是高净值的专利，所以在财富传承这件事上，作为执业者必须自己表里如一的践行财富传承原则，去点燃族长的热情和使命感；同样族长也必须组织家庭成员或团队进行价值观的发现，确认家族或组织的核心价值观，并将这些价值观付诸行动，通过行出来去影响家族成员和社区，让家族的价值观去开疆拓土，打破富不过三代的魔咒，穿越死亡，真正得到传承！作为财富管理一线的实践者，我已经看到跨代领导力这个全新的范式正在冉冉升起，成为财富管理市场的启明星。这是一本值得反复阅读的好书，衷心的希望读者都能被激励、被兴起，让我们一起为全球华人基业长青的伟大事业而同跑！

吴雨娉

榕源家办创始人
头部财富管理公司销售冠军
禾场香柏会员
财富传承执业者（WSP）
AFP持证人、持有基金从业资格证

一本读了三遍奇妙的书

整本书我读了两遍，同时自己录音朗读了一遍，一共加起来是三遍，可以说，每一遍的感受都是不同的，也是非常奇妙的。

第一遍让我感动的更多是细节部分。比如，作者在书的第一页，写到献给自己的妻子、父亲和母亲，当我读到这里的时候，我感触更多的是无论我们走的有多远，飞的有多高，我们的根都在"家"里，这也许是跨代领导力的基石，从"家中的人"出发。同时，我对夫妻文化和夫妻关系也有了更深层的理解，也许我们可以站在一个更高的角度来看待和理解夫妻关系。另外，当我读到第二章开头的地方，我激动到把我爱人喊过来跟我一起分享我的顿悟，一树百获者，人也。这一句话不仅传达了时间的高效产出比值，也道出了跨代领导力的核心精髓之一"人的培养"、"领导力的培养"以及培养人的重要性和必要性，那就是"百获者"，而这一点的顿悟直接影响了我们这个家庭下半年以及未来三到五年的家庭重心规划。

此外，当我读到古希腊政治家伯利克利说："我们的遗产不镌刻在纪念碑上，而是织就在他人的生命之中。"这是一句多么浪漫的表达，织就在他人的生命之中，沉淀在他成长过的岁月里，融合在他人的生命中，这是一种怎样的美！当我读到书的第26页，历史告诉我们，所有在生前给自己立碑的人，结局都很尴尬。我突然对伟大这两个字有了更加深刻的理解和体会，伟大是时间赋予的，是生命的意义和价值赋予的，而这种意义也许并没有出现在物理上生命存在的时候，但是他的穿透力跨越了时空和代际，让无数后人为之敬畏，为之撰写那块墓碑。那这不就是跨越时空和代际之间传承的影响力和领导力吗？

当我继续往下读的时候，说到，跨代领导力，就是把自己活到他所爱的人的生命里的能力，那一刻，我被折服了，也被浪漫到了。若真如此，那是一种怎样的幸福体验，那应该不仅仅是幸福的体验，而是生命的蜕变和延续，这也许就是传承的意义之一。

当我读完第一遍进行第二遍和第三遍的时候，整本书的系统和逻辑就比较清晰地展现在了我的面前。作者不仅很真诚地说出了我们现在传承面临的主要问题，同时也提供了一套高效科学的思维体系。这其中比较打动我的一个部分是，作者在中文世界里第一次提出"跨代领导力"这样一个理论体系，尤其是在面对以产品驱动和工具驱动的市场压力下，作者更愿意去挑战从根本上去解决传承的本质核心问题，选择不逃避而是直观面对；除此之外，我还比较感动的就是作者对理财师的期许，对追随者和领袖的呼唤，以及对未来的信念。而我作为这套体系的追随者之一，愿意跟更多追随者一起学习成为未来的领袖，可以为传承这份伟业添砖加瓦！

吴伶俐
独立保险经纪人
财富传承执业者（WSP）

激励同行、唤醒领袖

2020年我有幸成为了WSP会员（财富传承执业者），并开始跟随刘老师学习"跨代领导力"。在"打破富不过三代的魔咒"这个愿景下，刘老师提出了两个坐标轴，四个象限，八个选择，这些内容强烈地引起了我的共鸣，让我开始认真思考自己人生的意义究竟是什么？经过近2年的探寻，我现在有了坚定的答案，每一天的生活都要提升自己的认知并付诸实践。我相信刘老师新书《跨代领导力》的出版，必将激励更多的同行者并唤醒许多的领袖，引领财富传承事业，成就更多伟大家族！

孙玉玲
国内某知名券商分支机构负责人

让永恒赋能当下

非常幸运，让我在创业初期就能读到这本书。跨代领导力这个概念是开创性的。特别是在"内卷"与"躺平"盛行的今天，很多年轻人正在失去斗志，有机会用跨代领导力思维去全面检视自己的世界观是非常紧迫的事。本书让我看到一条新的道路，让我感受到了传承在我的家庭、事业、关系中的紧迫性。如果不是在当下就去深思传承这件事，那么传承就不会发生，也就等于没有传承。我工作的领域是公益慈善，本书的3S影响力法则与我的共鸣最大。遮蔽（Shade）、分享（Share）和塑造（Shape）三个打造影响力的指导原则像三盏明灯，照耀着要改变世界、奉献爱心与追求永恒的勇士们前面的道路。我诚意推荐每个希望打造自己的影响力，为这个世界留下美好传承的人都来读一下《跨代领导力》。

张伟
星启者（Star Charity）创始人

传承是一种力量

从事离岸投资咨询十几年的刘有辉先生，在我的心目中一直是非常令人敬佩的刘老师。之所以称之为老师，一方面是因为他多年以来，非常擅长综合使用各类海外信托、离岸公司等工具，协助客户实现家族财富传承的架构目标；另一方面，刘有辉先生在丰富的实践基础上，更加擅长用深入浅出的方式，让有此需求的国人精准了解何谓传承的力量。

最近刘有辉先生的新书《跨代领导力》即将出版，我有幸提前拜读，深受启发的同时，也为他这些年深耕财富传承领域的努力，并取得的不俗成就深感欣慰。作为一名有理想且专业的家族财富传承导师，他在这本书里用清晰的路径，为读者勾画了传承的意义所在。从"发现目标"到"培育文化"，再到"塑造影响"，最后是"扩张疆界"，环环相扣，目的正在于向大家解析"打破华人富不过三代之魔咒"的终极密码。相信看过这本书的人，应该都会掩卷沉思：为何我们要这样做？如何做才能发掘出传承的信念并最大化家族的价值观？

传承这件事本身就是一种力量，因此，跨代领导力是一套综合多方力量的组合拳，不仅是高净值家族必须烂熟于胸的常识，更是普通读者认知现代社会的崭新角度。

方兴

Cindy Fang

美国艾珂荣公司国际部总监

iCap Equity Director of the international

财富传承执业者（WSP）

开创性的传承理论框架

我在10年前第一次接触到信托，3年前一次偶然的机会因信托课程认识了有辉。他是我这些年来认识的无数从业者中，极少数能从底层逻辑把问题的本质阐述清楚的专家之一。这些年在与大量的高净值客户交流的过程中，发现有为数不少的从业者，是通过唤醒客户内在的"欲望"和"恐惧"，来促成自身业务的。这就是有辉在书中提到的"产品驱动"和"工具驱动"。然而"唯变不变"，世界每一天都发生着变化。一旦外部环境发生巨变，原本所选的传承"产品"和"工具"，便有可能不合时宜。高净值人士唯有以内在价值观作为家族传承过程中决策的准绳，才能做到基业长青，传承永续！这便是本书的主旨，也就是第三种驱动力：跨代领导力。

亚洲的企业家，积累财富的能力很强。但是存在一个很普遍的现象，便是企业少不了他。我们往往能听到一些知名的企业，年迈的创始人仍然掌握着公司决策权。他们的营商智慧和决策能力为人称道。然而一旦他们退下或是离开，企业是否能继续辉煌，我们顿时产生了疑问。本书开篇引用自《小王子》里的那段话，便是给了企业家或是家族领袖们一个思考的机会。究竟能不能激发出跨代领袖内在的渴望，用"创造论"的世界观去看待这个世界以及和周围人的关系？究竟企业和家族的传承，是出于对财务风险或成员关系的恐惧，还是出于分享和爱的目的？究竟"控制"和"授权"，哪一样才能实现财富的有效和持久地传承？究竟在财富传承过程中，是金钱（Valuables）重要，还是价值观（Values）重要？我们要如何培养跨代领袖，打破富不过三代的魔咒？

领导力和人际关系大师约翰·麦克斯韦尔在《领导力的5个层次》中阐述了旁人从权力到尊敬的领导力的5个层次。而最高层次的领袖特质，便是拥有那些无形的东西，例如《跨代领导力》书中提到的文化，信念和价值观等等。本书大量引经据典，提出了具有开创性的理论框架（如跨代领导力的四个象限，5P人生理论和3S影响力法则等），也验证了理论的可行性，为读者在实操过程中提供了确实的理论依据。

陈佳怡

Mae Chen

香港智者家办总监

百万圆桌顶尖会员（TOT）

财富传承执业者（WSP）

特许财务策划师（FChFP）

金融理财师（AFP）

认证私人银行家（CPB）

真正的宝藏

"思想有多远，路就能走多远"。这是2005年我在重庆机场看到的一个广告牌，超喜欢这句话，非常有意义和启发性。但到底我们要走多远才会抵达真正的目的呢？所罗门说："祂使万事各按其时变得美好，又把永恒的意识放在人心里，人却不能测透上帝从始至终的作为。上下求索固然重要，但忽略了赐予意义的上帝，恐怕全无功效。

我们现代人大多生活在物质丰富但精神匮乏的社会，导致我们着重发展商道，忽视培养家德。作为一名财富传承执业者，我看到很多家庭设立信托的动机都是错误的，或缺乏信任，或是害怕错过了当下流行的财富管理工具（错失恐惧症 FOMO - Fear Of Missing Out）。《跨代领导力》直接了当的指出了现有的财富传承方式的虚妄，即借传承之名行囤积之术，弄不好，还会让财富家族陷入更深的金钱漩涡。

《跨代领导力》是直面传承难题给出解决方案的好书，是每一个家族和执业者的必读之作。

《跨代领导力》没有局限于个人经验，而是启示性的带入了上帝的话语，有生命、有功效，锋利无比，胜过一切两刃的利剑，能够刺入并分开魂与灵、关节与骨髓，辨明人一切的思想和动机。

如若你要你的家族世世代代见证造物主赐福的美好，拥有财富，且沐浴于丰盛的生命之中，那就开启你的第一步：仔细品味咀嚼《跨代领导力》吧，因为里面有真正的宝藏。

沈秋燕

Caroline Sim

AIA Singapore

资深财富规划经理

百万圆桌会员（MDRT）

金融理财师（AFP）

传承的心法秘笈

认识有辉多年，他是让我明白信托应用最多，对我学习传承影响最大的老师，更重要是他是绝对把客户的利益放在优先的执业者，也是少数把天国的眼界放在任何地上事业的人，他是我非常信任的朋友。

这本书，把跨代财富传承这个复杂的，长期困扰大家的专业问题，一语道破：『一切在于领导力』(Everthing is Leadership)，这是传承的核心！

书中提到寻找真正的推动力，其中产品驱动，工具驱动都是死路，这是真的！看到不少富有的人用尽了最专业的团队，赚尽了人间的财富，赢来的是死后子女争产，企业王国一厥不振，真的想从坟墓里爬出来，给后代教训一番！反观不少人物，他们甚至没有遗嘱，没有信托，却培养了子女，兄弟和睦相处，互相帮助，惠及社会，世代繁衍。

本人的智者家族办公室除了一般传承工具和产品外，会为客户提供一个叫做『最后的约会』的方案，客户选出一生中最重要的家人、工作生意伙伴、其他重要朋友的名单，并发出以下邀请函：

有一天，我们将不会再见，可能也来不及道别，认识你多年，好像也跟你很熟悉，所以安排了这个人生的终章，与你单独见面约会。

道别的朋友要符合三个条件：
1、有一天这位朋友离开世界时，无论在世界何处，我一定会出席他的丧礼。
2、有一天我离开世界时，我希望这位朋友能够来跟我道别。
3、如果还有时间，我很想邀请这个朋友到我家坐坐，谈谈这一生相遇的片段，并给予最后的祝福和最后的嘱托。

7个问题：

1、你记得我们是怎么认识的吗？

2、相识了多年，哪些时刻仍记忆犹新？

3、你有什么想知道、想问我、想跟我说的事情吗？

4、我有些心底话，很想跟你说……

5、我有一件事请你帮忙，我不在之后，将来我的孩子会来找你，请你花一个下午，和他们说说我的故事。

6、有什么可以最后帮你的吗？

7、在我的灵柩前面，我躺在这里，你想跟我道别的最后一句话是什么？

    我发现很多客人想不出几位能符合这个条件，能够说心底话的人，他们穷到只剩下钱。有些客人想不出和身边最重要的人有什么最深刻的经历，最难忘的回味片段。有些朋友心里很担心将来子女听到朋友怎样描述自己。几乎所有朋友都没有谈及财富，没有谈及传承条件，谈的都是最重要的人生课题：价值观。

    找对了传承的关键，剩下来的工具、产品并不难处理。鼎力推荐《跨代领导力》这本书，可以说是传承的心法秘笈！

余汉杰
Titus Yu

香港智者理财集团执行长
执业保险、财富管理行业40年

第一章

寻找真正的驱动力

如果你想造一艘船，

不要鼓动人们收集木料，

不要分派他们工作任务，

而是要激发他们，

对于浩瀚海洋的渴望。*

———

圣埃克苏佩里

* 法国儿童文学、中篇小说《小王子》

中国：最大的财富传承蓝海

在被人问到祖籍的时候，谁不梦想自己来自一个伟大的家族？在谈论自己孩子的时候，谁不希冀后代光耀千秋？**有一种对尊荣的渴望刻画在我们灵魂里，世世代代，愈发清晰，无法磨灭。**

传承是一件大事，不可不察。

随着中国私人财富的激增，财富管理行业应运而生。凡有相关业务的执业者，言必称"传承"。但坦率的说，"传承"这件事，热闹的是职场，冷淡的是市场。且看一波又一波的家族办公室开开关关，我们就知道这个行业还没有找到门道，在客户心中那种天生的需求，并没有得到满足。

两个卖鞋子的商人来到一座从来"不穿鞋的小岛"，一个离开了，因为他发现说服岛民太难了；另外一个决定留下来，因为他觉得这是一个超级好的大市场。显然，笔者就是那个留下来的商人之一，我希望你也是。

对于财富传承来说，中国真的是一个这样的岛。首先，中国的财富阶层没有办法从上一代找到完整的案例，至少无法找到可借鉴的、三代以上的、现代意义上的案例，这是财富阶层自己茫然的地方；其次，西方世界有经验的人尝试在短期内将自己的经验、产品和工具推向中国的富裕阶层，但并未奏效，因为**生产鞋子是一回事，说服人穿鞋是另外一回事。**

决胜中国财富管理市场的关键是：让99%还没有做传承的人开始认真思考传承规划并行动起来，就像原来不穿鞋子，现在开始穿鞋子一样，这意味着，中国就是还没穿鞋子的第一大岛。

本书是笔者十几年国际家族信托业务实践的反思。说反思是因为，笔者尝试过不同的错误思路，如今终于摸索到了一些可行途径，所以要迫不及待的分享给大家。**希望通过这个分享，不仅可以帮助财富传承执业者突破业务瓶颈，进入更加宽阔之地；同时也希望给积极思考家族财富传承的一代和二代领袖，带来灵感和实践蓝本。**

思路决定出路。市场上有两个主流思路，即"产品驱动"和"工具驱动"，但都不是传承的有效出路。

死路一：产品驱动

首先是产品驱动。这个思路主要是金融产品从业者在转型做家办的时候采用的思路，核心的价值表述是：找到更好的产品或产品组合，让家族更加有钱，永远有钱。这个思路听起来不错，但理性分析一下，且不说这是不是传承的本质，"永远赚钱"本身就是一个伪命题。关于这一点，桥水的老板瑞·达利欧在他的《原则》一书中这样说：

"20世纪90年代中期，我有了足够的钱为我的家庭设立一个信托，所以我开始思考，为了将财富传承给多代人，最好的资产配置组合应当是什么样。我不在时，我不敢保证其他人能把预估做好。通胀不停涨落，兴衰不断交替，找到在所有经济环境里都做得好的投资者就像大海捞针，即使找到了，他们也不是不老之身，所以这不是可行的办法。我不希望等我死后，我创造的、用来保护家人的财富尽付东流。"*

虽然瑞·达利欧总结了若干条管理生活和投资的所谓金科玉律，但桥水基金自身业绩说明，他的原则并非滴水不漏。没有永远的好产品，也没有永远的好公司，**所谓"不老之身"，其实是摇钱树的古老神话**。把这个古老神话当做传承的驱动显然是不合适的。

产品驱动思维是执业者将短期和中期的增长诉求，强加于世代传承这个永恒命题上的一种错误尝试。**甄选好的产品和产品组合当然没有**

---

* [美] 瑞·达利欧（Ray Dalio）《原则》，中信出版社，2018年1月。第一部分的第5节。

错，但将其作为不老之身，就大错特错了。这一点，虽然对执业者来说可能会收获短期收益，但不会帮助人进入传承市场。**用产品驱动逻辑建立的家族办公室，其实是理财工作室**，因为就算解决了中长期的投资增长问题，家族关系也没有摆在核心位置上，客户的传承大计仍然没有真正开始。这样的思维不仅仅是执业者有，财富人士自身也非常容易陷入这样的误区，且会对家族成员关系造成致命的伤害。举个例子，我的一个客户是一位富有的房地产商，在我给他做咨询的时候，他提及了一件让他痛苦的事，那就是他想给自己的儿子买一套价值一个亿的别墅作为他的成年礼，但儿子拒绝了。显然，在这位父亲的心中，房子这个品类是神圣的，永不衰残的传家宝。但孩子却满不在乎的说："除了买卖房子，你还会做什么？"在产品驱动的做法中，一代和二代之间不但没有形成父子同心的合力，反而关系越来越远。在这个案例中，就算父亲一个亿的别墅投资是永远划算的，传承这件事也仍然没有发生，**因为儿子觉得父亲关心的是投资品，而不是他本人**，他甚至会有逆反心理，这辈子都不想碰房产。如何克服这样的问题，是本书讨论的重点，我们这里暂时先不展开论述。

产品驱动思维（即产品好=传承好）被放大的后果是，客户会只关注资产的增长问题，而忽略财富传承的其他方面。产品驱动思维披着永远增长的外衣，背后是"不老之身"的神话。对执业者来说，一旦产品出现问题，就会和客户关系出现问题；对于客户自身来说，家族传承更加本质的问题会被忽略，距离满足的生活和长青的家族不是越来越近，反倒是渐行渐远，甚至背道而驰。

死路二：工具驱动

如果你手里只有一把锤子，那么你看所有问题都会像钉子。人在遇到问题需要解决的时候，都会从自身的知识结构中去寻求解决办法，这无可厚非。和陷入产品驱动一样，在崭新的私人财富管理赛道上，工具专家们，包括律师、税务师和家族信托执业者自然会树立起"工具第一"的大旗。我坦白，作为一个国际信托执业者，我曾经也是一个工具驱动的狂热爱好者。在工具人的世界里，工具永远都高于产品，工具是那么的形而上，产品那么的形而下。但工具和产品不同，工具本身不能带来增值，所以推向市场的时候，工具驱动的价值主张是更加省钱、省事和防范风险。具体说，**常见的家族传承工具，如公司、遗嘱、信托和基金会，解决的是避税、风险管理和传承效率问题**。这些问题对于客户本身来说，都是至关重要的，如果不能很好的规划，的确无法做好家族传承。但将以上价值诉求作为驱动力，以客户是否做了精密的遗嘱或信托计划作为衡量传承规划优劣的指标，显然是将手段当做目的本身，是行不通的，对客户来说也显失公平。

工具驱动思维（即工具好=传承好），会让执业者无比关心客户的"痛点"，比如节税、风险隔离、防范约束、隐私最大化等等。我承认考量这些痛点本身是有益的，甚至是必要的。但如果以此为驱动力，意味着"家族传承"的本质会被忽略。试想一下，如果家族信托重在隔离和防范，那就意味着，有女儿的要防女婿，有儿子的要防媳妇。在这样的结构中，女儿和女婿能一条心吗？儿子和媳妇的关系会好吗？更不要期望做这样结构的长辈和二代之间有融洽互信的关系了！**如果没有互信**

的关系，就没有凝聚力，没有凝聚力，"家"如何变成"族"呢？更不要说跨越代际传承的鸿沟了！传承要的是更好的促进家族关系的成长，而防范这个思路一旦成为主导，"家和万事兴"的机会就没有了。可见**工具驱动过度释放的恐惧反倒不利于"家庭"到"家族"的成长。**

出路：跨代领导力驱动

除了产品思维和工具思维以外，什么才是家族传承的有效驱动力呢？答案是跨代领导力。**跨代领导力是一个全新的理论体系**，笔者将通过本书系统的阐述它。

在2021年的一个全国性金融峰会上，我做了一个题为《跨代领导力的四个象限》的演讲，也正是本书的雏形。演讲之后，一位欧洲信托公司的中国业务发展代表就立刻发信息给我，问我的思路是不是学习某某书上的。

这说明两个问题，一是跨代领导力的思路让她耳目一新，觉得这是一个开创性的理论框架，二是人们普遍不习惯一个颠覆底层逻辑的思路从中国本土产生。

作为中国国内最早的一个家族信托实操者，笔者承认，十几年来，自己弯路、错路没少走，但终极目标没变，那就是"打破富不过三代的魔咒"。要打破，必须开始打。笔者发现**我们中国客户最大的问题不是如何打，而是不相信可以打赢，甚至不知道真正的敌人在哪里**。这也不奇怪，毕竟富不过三代是"魔咒"，魔咒总是充满了未知的阴暗力量，所以必须将它的邪恶势力暴露出来、锁定它的要害、毁坏它的结构，再重新建立起正确的体系。为了找到解决方案，笔者不停的学习、实操、失败、复盘、再学习、再尝试……如此总总，周而复始之后，终于在2021年，根据业务实践和我学生的反馈，我最终意识到，用于打破魔咒的"跨代领导力"作为一个新的理论体系，已经成型了。每次实践后的神奇效果都令人兴奋不已，仿佛有一个声音在催促我说："全新的，有奇效的跨代领导力，推出来吧，就是现在！"

"没有人把新布缝在旧衣服上，恐怕所补上的新布带坏了旧衣服，破的就更大了。也没有人把新酒装在旧皮袋里，恐怕酒把皮袋裂开，酒和皮袋就都坏了；惟把新酒装在新皮袋里。 * "

跨代传承问题，产品人尝试用产品来解决，工具人尝试用工具来解决，但都无功而返。那些听了产品人和工具人思路的财富家族只会对传承事业更加灰心，因为尝试过后，发现产品驱动和工具驱动根本无法走通。无论是工具驱动还是产品驱动都是旧衣服和旧皮袋。跨代领导力无法归入到以上两个思维框架里面，因为它解决的是完全不同层面的问题。

本书在中文世界第一次提出"跨代领导力"这个理论，不是从某一个海外学说翻译或借鉴而来，而是全新的，是新布，要做新的衣裳；是新皮袋，要盛新酒。虽然新，但并不是凭空想象，而是基于笔者多年实践的发现。说是发现，是因为真理就在那里，就像轮子是圆的就是圆的，我不需要发明一个新的方的轮子。万有引力在苹果击中牛顿的脑袋之前就有；跨代领导力的精神在笔者提出之前就是伟大的实践，笔者无非是一个拓荒者，即真诚的把读者带往经过实践检验的道路，并和大家一起带着敬畏回归一些古老的原则。

---

* 《马可福音》2:21-22

从一个烧钱的故事说起

跨代领导力驱动和前两个驱动的核心不同是什么呢？让我们先来听一个古老的财富传承故事吧。

很久以前，有一个富翁，家业很大，他只有一个儿子，但从来不好好工作。一天富翁把儿子叫到办公室，对他说："我想把所有的家业都传给你。但有一个条件，就是你要自己出去挣10万块钱回来，并亲自拿给我。"

儿子同意了，但没有自己出去挣钱，而是找到了和他父亲相熟的银行家，提出了一个极具诱惑力的贷款方案，他对银行家说："如果你借给我10万块，等我继承了家业，我到时候给你双倍市场的利息。"

银行家同意了，半年后，儿子带着钱，兴冲冲的来到父亲的办公室，把10万块摊在桌子上。父亲这个时候抓起钱，快步走到房间的另外一边，把钱投入了熊熊燃烧的壁炉。"这钱不是你自己挣的。你要自己出去挣10万块钱回来，然后我才会把所有的家业都传给你。"父亲说。

儿子心想，一定是银行家走漏了风声，这次他要小心行事，于是去找一个外地的好朋友帮忙。"如果你借给我10万块，等我继承了我父亲的家业，到时候我双倍奉还！"

外地的朋友觉得这是一个不错的交易，就同意了。半年后，儿子再次来到父亲的办公室，把10万块给了他父亲。令人惊诧的是，这位老父亲什么也没有问，毫不犹豫的将钱投入了熊熊燃烧的壁炉，对他儿子说："这钱不是你自己挣的。你要给我自己出去挣10万块钱回来，然后我才会把所有的家业都传给你。"

儿子大惑不解，我父亲怎么知道这钱不是我挣的呢？他甚至都没有盘问我什么。但似乎他绝对无法糊弄得了他父亲，现在除了自己真的出去辛苦挣钱，已经别无选择了。于是这个年轻人非常不情愿的走出了家门，找任何他能找到的工作，没日没夜的干了起来。一年后，他真的攒了10万块，无比兴奋的他冲进老爸的办公室，将10万块摊在桌子上。但令人无比惊诧的是，他的父亲没有一秒钟的犹豫，再一次将10万块投进了壁炉！

儿子什么都没有想，奋不顾身扎进壁炉，徒手把钞票抢救了出来，并扑灭了燃烧的火焰。

父亲长长的叹了一口气，如释重负的说："现在，我知道这钱真的是你自己挣的了。"

没有付出过心血的东西，你不会觉得有价值。再有价值的东西，如果你轻而易举得到，你也不会珍惜。所以传承的重点是建设继承者的价值观。同样是两幅毕加索的名画，如果一个是你街头20块钱买的，一个是你2个亿买的，你的态度会大不相同。20块的，你有可能直接放进了一个抽屉，再也不会看一眼，2个亿的，你可能为它建一个博物馆。**但价值的多少肯定不是简单用购买力来衡量的，因为价值的天平在拥有者的心里。**

老富翁的难题是儿子对钱和将要继承的家业无感，儿子的心灵似乎是麻木的，对价值判断似乎是失灵的。故事虽然能说明道理，但故事归故事，老富翁去筹算传承的事情，显然开始的太晚了一些。因为价值观的培养并非一朝一夕。

将巨大的物质财富直接转移给子孙后代，在西方世界造成了惨痛的代价。富贵病、抑郁症、挥霍无度、家庭破碎等诸多问题，证明没有智慧的财富转移让继承者成了牺牲品。如果中国的财富阶层没有主动意识到这个问题，眼看也会重蹈西方国家的覆辙，家庭甚至整个社会都将为此付出惨痛的代价。

正是因为金钱的负面效应，西方有钱的父母开始走向另一个极端，就是不敢给孩子留钱，纷纷将财富捐给慈善机构。在传承问题上，全世界都有一种无力感。**如何让继承者在面对物质财富的时候，有强烈的价值感和目的感，这是一个巨大的难题。**

更多钱和更好的工具本身没有错，但二者都不是目的。**传承伟业的核心是预备继承者，家族传承的本质不应该是家族的钱和家族信托，应该是后代本身。**虽然我们都知道，传承的工作不可能像壁炉里烧30万现金那么简单，但无论是给家族意见的执业者还是家族成员本身，都需要清醒意识到，家族传承的工作重心，在于继承者的预备。

预备继承者用跨代领导力来概括，是因为它是一代激活下一代的过程，需要两代人同时躬身入局，有领袖也要有跟从者。领导力大师美国圣克拉大学教授James Kouzes说"领袖都是先驱，心甘情愿挺进未知之境。*" 前无古人，对于中国的富一代来说，是时候在正确原则的指导下，探索预备继承者的伟大事业了。这事业不等同于豪华的正规教育，而是要求我们回到人类几千年前就已经明确的朴素智慧，正如犹太人的《箴言》书中所说，"教养孩童，使他走当行的道，就是到老也不偏离。†"

我们都知道犹太人优秀，无论是科技、思想、文化还是商业，几乎所有人类成就的金字塔顶端，都看得到犹太人的身影。一些好奇的科学

---

* 《领导力挑战》James Kouzes 与 Barry Posner 合著

† 出自"劝世箴言"，《箴言》22:6

家进行过研究发现，犹太人的脑量和其他民族并没有什么差异，有差异的是犹太人的**家族文化，即预备继承者的文化。**

犹太人的世俗圣经《塔木德》要求父母必须做到4件事：一是抚养子女、二是教导妥拉（摩西五经）、三是学习一个营生、四是学会游泳。

第一点是抚养子女，这是全人类共通的，我们就不展开；第二点"学习妥拉"，这是给后代一个绝对的、确信的价值观体系去参照，这种灵魂的锚点是精神力量的基础。这是为什么犹太民族在苦难到来时，有强大的承受力不至于被现实压垮；在苦难过去后，有强大的复原力不至于被过去捆绑。犹太裔心理学家弗兰克在走出奥斯维辛集中营后，发明了意义心理治疗法-Logotherapy，我们在其他民族经受类似苦难的时候，并没有看到这样的奇特景象。

第三点学习一个营生（Trade），这和我们华人过分重视正规教育形成了鲜明的对比。华人会通过移民、购买学区房等方式努力帮孩子获得更好的大学文凭，取得进入世界的门票。但营生意识是挖掘一个人的不同*，来抵抗世界的同化，最后成为卖门票的人。很多学了MBA的人出来创业很难成功，就佐证了这一点，即正规教育无法催生伟大。

第四点中的游泳是生存技能的一个代表，未必只限于游泳。中国文化经常要回避的生存层面的问题，比如性教育和各种避险反倒是犹太文化鼓励的。

850名诺贝尔奖得主中，有170人是犹太人，常青藤学生的21%是犹太人，奥斯卡获奖导演37%是犹太人，普利策奖得主中51%是犹太人。

---

* 跨代领导力最核心的一个理论基础就是，人的目的是发现的，没有两个人是相同的。

　　华人家族要改变世界，必须改变我们的教育理念和影响下一代的思路。要勇于自省，勇于看到自己民族的问题，并真的学习和改变。以史为鉴，落后固然可能挨打，但回顾一下历朝历代，恐怕比落后更可怕的是夜郎自大。

　　如果一定要说跨代领导力不适合什么人群的话，我想那应该是骄傲的人。

三个驱动力的对比表

为了让大家可以更加清晰的理解产品驱动思维、工具驱动思维与跨代领导力思维的显著区别，我做了一个对比表，见**表格1-1：财富传承驱动力对比表**。这个对比显然不是要说跨代领导力更加高大上，产品和

表格 1-1　财富传承驱动力对比表

	产品驱动	工具驱动	跨代领导力驱动
优先要素	资产优先	效率优先	家族优先
四大考量	房子、股权 基金、保险	信托、公司 遗嘱、基金会	目的、文化 影响、疆界
价值主张	增长（贪婪）	安全（恐惧）	成就（影响）
应用类比	汽油（What）	汽车（How）	方向（Why）

工具就低人一等，我们要阐述的是以什么为驱动力，才能有效启动传承规划这件事情，而不是厚此薄彼。

从价值诉求角度来说，产品驱动优先考虑资产，一切都以资产的收入更高、增值更大为出发点；工具驱动会强调传承的效率，诸如节税、规避风险以及有效解决受益人之间的冲突等问题；**而跨代领导力则从一个家庭如何通过规划成为百年家族的角度入手，做工具与产品以外的工作，然后根据家族需要选择合适的工具和产品。**

产品驱动业务模式，会鼓励客户定睛在房子、股权、基金、保险等不同资产上；工具驱动的业务模式，会鼓励客户定睛在信托、公司、遗

嘱或基金会等不同工具上；**跨代领导力是要在人的要素上下功夫，目的、文化、影响和疆界都是和人相关的。**

产品天生主张增长，极端就是在激发客户的贪婪；工具主张安全，极端就是给客户输入恐惧；跨代领导力主张的是成就，终极目的是打造一个澎湃影响力的引擎，从而抵御躺平的鸡汤和虚无主义的侵蚀。

如果我们要对这三个驱动力进行一个类比，产品驱动犹如汽油、工具驱动犹如汽车。如果没有跨代领导力的驱动，就好比让客户坐进了一辆劳斯莱斯轿车里，加满了汽油，客户问我们去哪里，结果我们说没有方向。产品是What，工具是How，跨代领导力是Why，是首要问题，解决的是"去哪里"的问题。

如何使用本书？

信是关键

《跨代领导力》是一本实战的书，读者，无论是执业者还是财富家族，只有认同了书中的理念，真正理解并付诸实践才能从中受益。换言之，这本书不但可能改变你的事业和家庭，甚至可能改变你的一生，所以你需要用心对待。

在这个学习泛滥的年代，我们学习很多东西，但能用上的很少。一方面，是因为内容很多，有用的少。另一方面，我们学习的方法并不正确。著名的希腊文格言"认识你自己（Gnothi Seauton*）"中的认

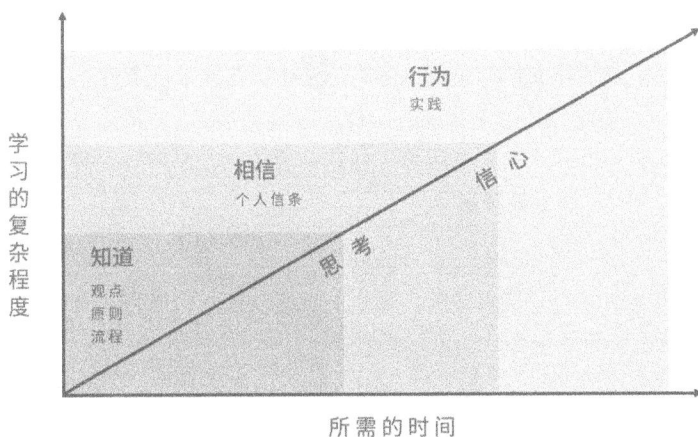

图 1-1 学习的历程

---

* 相传是刻在德尔斐的阿波罗神庙的三句箴言之一，希腊语：γνῶθι σεαυτόν，转写：gnōthi seauton。

识，不仅仅是头脑的事情，还包含了个人经验层面的认识。在智力层面的知道，要转化成心里的相信，再到行为的改变，这才是完整的学习历程。

正如**图1-1**所示，随着学习时间投入的增加，"知道"也并不会直接跳到"做"。越是复杂的工作，如决策，就越不可能直接发生这样的跳跃。**我们常说知行合一，但在"知"和"行"之间，其实还有一个"相信"，因为只有相信了，你才会付诸扎实的行动。**

本书不仅仅会提供新的思路，也提供一种训练方法，这个方法就是让关键信息被识别出来，以供读者去复习和思考。

我们都背过乘法口诀，在我们相信之后，就不停的重复，然后用这个口诀去解决计算问题。但成年之后，除了应付考试，很少有人用这个朴素的学习方法，这是为什么成年人学习到的新东西少之又少的原因之一。

"不要害怕重复你的关键信息！"这是加拿大BC省CPA协会的行为规范指引*，也是很多金融执业者专业培训经常提醒会员的。**本书的目的就是让读者清晰的识别关键信息，并让这些关键信息成为读者自己的确信（即信条），然后实践出来。**

书中有很多句子是黑体的，都是关键的信息，读者可以有意识的复习，尤其是间断阅读之后，可以将前面章节的黑体字再读一遍。

在每章结尾会有一页信条练习，左侧是本书作者关于本章的7个跨代领导力信条，右边的空白是留给读者的，请根据你的认知真实的写出

---

* 英文原文为Don't be afraid to repeat your key messages. https://www.bccpa.ca/news-events/latest-news/2020/clear-concise-consistent-the-three-cs-of-effective-communication/

你的7个跨代领导力信条，并逐渐实践打磨，直到实现信心和行为的合一。

通过这样的练习，我们期盼所有认真对待书中所提问题的人都有巨大的收获。

信条的重要性

为了帮助大家理解信条的重要性，让我们来做一个练习：

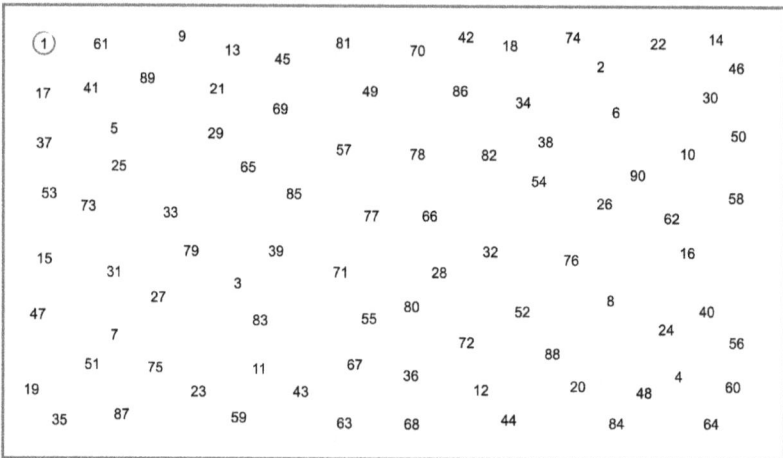

图 1-2

图1-2中数字从"1"到"88"，顺序已被打乱，请按照从小到大的顺序，从"1"开始，圈出数字，用手机上的秒表，设定20秒，看自己在20秒内可以圈到多少个数字，**做完此练习之前，请不要看下一页。**

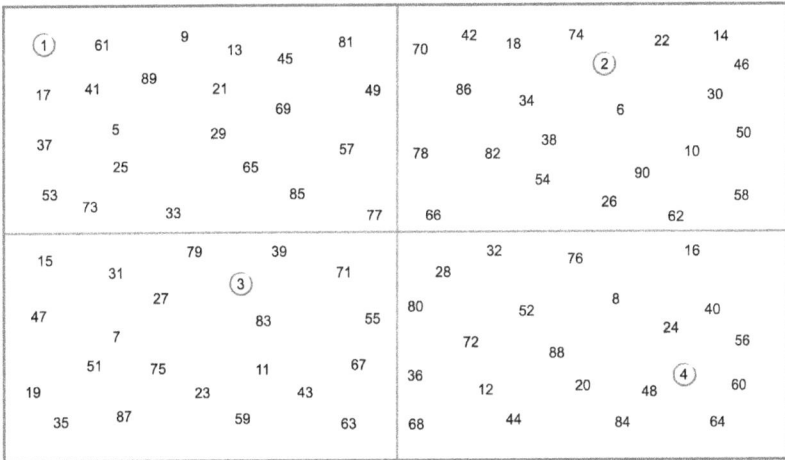

图 1-3

图1-3和图1-2的要求相同，不同的是，我现在告诉你1在第一个象限，2在第二个象限，3在第三个象限，4在第四个象限；然后要找5的时候再回到第一个象限，以此类推，用这个方法，还是用20秒，看你可以圈多少个数字。

在工作坊中，笔者用这个练习帮助大家理解信条的重要性。一般来说，在没有四个象限的情况下，大部分人在20秒可以圈到10左右；有了四个象限，可以圈到20左右，提升最大的学员，可以达到30，也就是**说有清晰信条的人可以将自己的效率提升到原本的3倍甚至更多。**

几个名词

执业者（Practitioner）：泛指在私人财富领域工作的专业人士，包括但不限于信托、银行、三方、保险、律师、会计师、移民、家办等职业。用执业者而不是从业者是因为笔者想强调，不是所有的业内专业人士都是我们的同跑者，只有那些一直关心和学习家族传承技术，在资质、技术和能力上达到一定水准，有志于服务高净值客户的先锋，才是本书所指的同侪。

财富传承执业者（WSP）：WSP是Wealth Succession Practitioner的简称，是一个需要通过认证考试取得的反映职业水准的会员资格。WSP的学员不仅能系统学习家族信托为核心的最新传承技术，还可以通过参与相关社区活动，与其他关注"跨代领导力"的执业者深入互动。

家族（Family）：很多高净值的成功人士未必都有自己的直接子嗣，但这不意味着他们不会拥有跨代领导力，从而对世界产生深远和积极的影响。比如诺贝尔奖的设立者诺贝尔一生未婚，也没有孩子，但他对世界的影响无与伦比，所有的获奖者都成了他的后人。笔者使用家族这个词的时候，并不特指一个有很多子孙的家庭，而是包含了任何对人类未来的世代想要有积极影响力的个人。

族长：和辈份长序没有绝对的关系。在不同的家族事务中，任何家族成员根据他们的天分、努力和选择，都可能成为最先影响他人的人。与其说长者是族长，不如说有领导力的人成为了族长。

第一章：寻找真正的驱动力
跨代领导力信条练习

	作者的信条	我的信条
1	产品是素材、工具是手段、"预备继承人"才是传承的工作重心。	
2	家族文化，即预备继承者的文化。	
3	二代教育不等于豪华的正规教育。教育是为了发掘天赋，抵御被同质化。	
4	工具驱动过度释放恐惧、激发分裂，不利于家族凝聚力的形成。	
5	没有付出过心血的东西，你不会觉得有价值。所以传承的重点是建设继承者的价值观。	
6	在财富传承的系统工程中，产品是What，工具是How，跨代领导力是Why！	
7	有了明确的信条，我们解决问题的效率会倍增。	

财富传承的四个陷阱

一年之计，莫如树谷；

十年之计，莫如树木；

终身之计，莫如树人。

一树一获者，谷也；

一树十获者，木也；

一树百获者，人也。

————

《管子·权修》*

* 翻译成现代文：要为一年打算，没有什么比栽种谷物好；要为十年打算，没有什么比栽植树木好；而要为一生打算，没有什么比栽培人好。栽一次收一次的，那是谷物；栽一次收十次的，那是树木；栽一次收一百次的，那是人。

有多少爱可以重来？

不久前，忽然在微信里收到一位好友去世的噩耗。他们夫妻二人是我和太太的共同好友，去世的是先生，他们是二婚，有一个儿子，在美国念书，丈夫前妻所生，是他们一起拉扯大的。听闻噩耗，儿子立刻从美国回来，来陪妈妈。

我们进了办丧事的微信群，真的非常感人，大学和MBA的同学以及工作单位的同事们，都在那么真诚的悼念和追忆这位朋友。远在美国的作家同学特别写了追悼的文章，放在公众号上，让人心有戚戚，数日无法释怀。在上海的朋友和同学商量说，要为逝者做一个网站，纪念他的品格、思想和作为。大家信誓旦旦，好像逝者去世前分别给过每个人巨大的嘱托一样。

但不是每个曹雪芹都有一个高鹗续写《石头记》。7个7天过后，大家都散去了，随着一起散去的是对死者追忆的热情。

古希腊政治家伯里克利说："**我们的遗产不镌刻在纪念碑上，而是织就在他人的生命之中。**[*]"

大家想给那位朋友做的网站，是纪念碑的现代版本。如果是更传统的地方，族人会帮他做好牌位，写进家谱，记录他的功绩，然后放进祠堂。网站也好、家谱也好、纪念碑也好、祠堂也好，都是他人的事情，不是这个人自己的事情。而且**历史告诉我们，所有在生前就给自己立碑**

---

[*] 修昔底德《伯罗奔尼撒战争史》，II.43.3.

的人，结局多数都很尴尬。一个人活着的时候，他需要掌握一种领导力，叫跨代领导力，就是把自己活到他所爱的人的生命里的能力。

为什么要这样呢？我当然不是要传授什么名垂青史的诀窍，非常实用的原因有二：**第一，是为了本人的益处，人要把自己生命的意义活到别人的生命里，明白这一点的人会更加有盼望、更加平安、更加满足；第二，是为了家人和爱你的人，他们天然希望和你的生命建立这种深刻的连接。**

我们夫妻终于可以去看望那位朋友的时候，她的儿子也在家，聊了很多，都是关于逝者的一些往事。朋友对我们说，太仓促了，没有更好的让我们了解她的先生。儿子看了我带的《看见传承》的卡牌*之后，慨叹说，"这个卡牌真好，我都没有这样坐下来，跟我父亲聊一下他这辈子想要留下什么，但现在已经永远没有这个机会了。"

在我们临走的时候，朋友对我说，"你做的家族传承业务太好了，我先生的那些同学都需要，我觉得这个市场简直太大了。"我知道，他们的二次婚姻在完全没有传承规划的情况下，有太多的技术问题要处理了。这位聪明的女士的确看到了自己和他人的需要。

她的话验证了本书第一章中的传承蓝海的提法。但也回到了那个古老的话题：如何让不穿鞋的岛民开始学会穿鞋。

信誓旦旦要为逝者做网站的朋友们偃旗息鼓了，因为经历了这件事，大家会愿意采纳一些专业意见，留遗嘱、搭信托、买保险、写家训、开家庭会议、做慈善吗？

---

* 《看见传承》卡牌的介绍请见附录三：《看见传承》卡片分类桌游

答案是未必。工具驱动的伙伴们已经这样警告过很多年了，效果是有一点的，但不是非常明显。

在没有解决Why的问题之前，讨论How是没有任何意义的。

古今中外，没有做好规划的案例不胜枚举，总是让专业人士扼腕叹息。逝者已矣，生者痛悔，观者默然，千百年来，莫非如此。

是的，我朋友的儿子，还没有机会坐下来和老爸聊聊人生，我听到了年轻人的哽咽，真的，有多少爱可以重来？

若人死后可以复生，没有人会这样处理自己的遗产。在传承这个问题上，即使有那么失败的案例在我们生活中，我们仍然没有办法看清，因为习惯的力量很强大，我们需要更深的启蒙和觉醒。

这也是为什么，我们要用一整章来深入剖析财富传承的四个陷阱。

陷阱一：丢掉

财富传承的四个经典陷阱是：丢掉（Dump）、分掉（Divide）、拖掉（Defer）和花掉（Dissipate）。中文是四个"掉"，掉陷阱里面的"掉"；英文是4个D，深刻理解这四个陷阱，能够帮助执业者和财富家族识别几乎所有的失败案例，无非在四个D中的一个，甚至是全部。

丢掉，当然不是把财富销毁或弃置路旁，而是一种态度，即将财富不加考虑的直接给到下一代或者慈善机构。

2013年，22岁的伊森·库奇（Ethan Couch）在美国德克萨斯州被指控吸毒驾车，造成4人死亡*。伊森的辩护律师为他辩护说，他患有"富贵病"，伊森因此获得了减刑。在律师辩护的过程中，辩方聘请的心理学家米勒（G. Dick Miller）在法庭上作证称，这名青少年是"富贵病"的产物，他无法将自己的行为与后果联系起来，因为他的父母曾教导他，财富可以买到特权。最初有报道称，作为判决的一部分，他们的儿子将被送往新港学院(Newport Academy)接受青少年药物滥用和心理康复治疗。新港学院是加州新港比奇的一家高档住宅治疗中心，每年的费用高达45万美元。

这个故事的后续是伊森的母亲继续袒护放纵自己的儿子，在儿子再次出事之后，还帮助他躲避责任，逃跑到墨西哥，直到再次入狱。这个

---

* 维基百科：https://en.wikipedia.org/wiki/Ethan_Couch

案子很出名，是因为"富贵病"真的被列为一个疾病，而且让法庭因此给被告减刑了。患病的是儿子伊森，但他的母亲很显然也跟他有相同的价值观，就是认为金钱可以购买特权。因为家里有钱，就把钱直接给孩子用，结果这个孩子丧失了理性，他生活在一个非常不真实的世界中，他无法判断自己的行为会产生怎样的后果，更谈不上责任。

中国也有无数个伊森，他们的父亲以一年挣一个亿为小目标，孩子以一年花一个亿为小目标，挣钱、给钱，挣更多钱、给更多的钱，直接把钱丢给孩子，让他们"创业"或者"享受"，但实际上却害了孩子。没有辛苦赚钱经历的后代们不会珍惜财富，却非常擅长挥霍。更可怕的是，年轻一代可能会丧失劳动能力、抑郁、吸毒，最后自毁。

我们不清楚伊森在新港学院接受的是怎样的治疗，但在心理疾病方面，伊森的情况的确适用"意义疗法"的治疗范畴。意义疗法(Logotherapy)是一种在治疗策略上着重于引导就诊者寻找和发现生命的意义，树立明确的生活目标，以积极向上的态度来面对和驾驭生活的心理治疗方法。该方法是美籍德国心理学家弗兰克*（V.E. Frankl）在1946年提出的。**弗兰克本人经历过奥斯维辛集中营，他发现在集中营的苦难中，追寻意义的人有更加强大的生命力。**

近些年美国遗产规划市场的趋势显示，越来越多富豪意识到，将天量的财富"丢"给下一代，是非常不人道的。所以"全部给掉"成为一个流行的理性选择，这促成了慈善信托和慈善基金会的流行。巴菲特和比尔盖茨都将大部分身家投入了他们的慈善基金会，并在全球鼓励其他人也这样做，虽然他们很努力的说服某些国内企业家加入，但似乎收效不大。我们上面提到的名人，不管你是否认可他们基金会做的事情，他

---

* https://en.wikipedia.org/wiki/Logotherapy 弗兰克的学说不同于基于尼采的阿德勒权力原则和弗洛伊德的快乐原则，而是意义原则。

们的做法都肯定不是"丢",而是带着明确规划的。这种规划超越了只让自己亲族受益的狭隘思想。

　　带着目的捐赠给慈善机构，确实比直接丢给下一代好。但是否有第三条道路？即将这样的目的和财富同时传承给下一代。实践证明，这条道路更加可行，这样的**目的即使不是慈善，但因为有目的，就可以避免因为没有目的造成的富贵病。目的的觉醒和价值感的传递需要创富一代更早的规划和更深的参与。**我们在后面的章节将论述跨代领导力如何帮助有这样雄心的族长和专业人士实现这样的伟大目标。

陷阱二：分掉

分掉（Divide）表面看起来是一种公平的手段。但**平均主义的策略，大到国家、小到一个组织或一个家庭，从来没有成功过，最后的结果都是在最糟糕的水准上拉平**。雄心万丈的企业家，每天被事业缠身，很少去考虑家族传承的事情。他们平时都特别清楚，平均或吃大锅饭在自己的公司里根本是行不通的，但涉及到传承的时候，似乎平均主义的思想又复活了，因为这个方法简单粗暴，不需要任何规划，似乎很公平。

"分掉"注重结果的平等，是财富分配者不负责任的一种表现，这样的态度，意味着对继承人的差异性、贡献和需要的忽略。财富的分配者采用这个思路的责任很小，管理成本很低，但负面的影响很大。

在传统的中国分家闹剧中，在平分的情况下，通常会有两类子女跳出来反对平分：一类是觉得自己赡养老人付出多的子女；另外一类是觉得自己需要特殊照顾的子女。二者都在主张某种公平，一种是基于自身的贡献，一种是根据自己的需要，二者可能都有一定道理。**要求公平的呼声说明了平分不等于公平，而继承者对传承者的公平诉求也反证了传承者没有预备好继承者。**

分掉除了会有平均主义的陷阱之外，还会掉进生前赠与*的深坑。

这是发生在笔者身边的一个真实故事。我们就叫故事的主人公四叔吧。

四叔早年丧妻并再婚，与前妻有一子一女，后妻跟他没有生育，但后妻有自己的儿子。四叔的儿子是一个典型的浪子，游手好闲，每天想着如何弄到更多的钱花天酒地。四叔再婚的时候，儿子和女儿都小，两个孩子长大后与后妈的关系不好。这几年拆迁，家里分了一套房子并有20万元现金，四叔觉得这钱和房子都是要给自己亲生儿子的（他也不想传给自己的女儿），但如果写了自己的名字，那么后妻的孩子也会有份，女儿以后也会有一份，所以，四叔就干脆写了自己儿子的名字。

儿子没钱的时候就打起了这套房子的主意，于是把房产证从家里偷出来，因为他是房主，直接就把房子卖了，买了一部好车开起来了。四叔与儿子大闹一场，还去法院起诉，但由于房子是儿子的名字，法律也帮不了四叔。当然这个过程中，后妻非常不满，四叔两面都不是人。过了没多久，儿子又没有钱了，这次更狠，他直接去银行挂失了那个存折再补办，四叔为他存的钱也被他取走挥霍一空了。

四叔的钱当然不够做一个标准的家族信托，但至少有经验的执业者都有一些方法，让四叔避免于晚年的痛苦尴尬。

---

* inter vivos gift，在赠与人生存期间发生并生效的赠与，以相对于在赠与人死后生效的遗赠。见《元照英美法词典》

显然，四叔的传承规划中还有其他错误指导原则在作祟，比如重男轻女和夫妻不一心，但"分掉"是最致命的错误。四叔的故事告诉我们，**急于分掉也同样是重视金钱本身，而不注重继承人品格的思路，害人害己。**

陷阱三：拖掉

传承和继承不同，**继承关注的是从一代到下一代的节点；传承关注一代到下一代的过程。有传承规划的继承是一种祝福，没有传承规划的继承可能是一种伤害。**这种伤害经常以拖掉（Defer）的形式体现出来。

拖掉现象根据执业经验，我把它分成两种，一种是技术性拖掉，一种是主观拖掉。

技术性拖掉多数因为国际避税和隐私的问题。比如一些移民美国的家庭，在海外的离岸户口中积累了大量的现金资产，但却无法找到合适的方式阳光化。这样的资产多数在自己的亲戚名下代持，表面看没有什么风险，但实际上，无论是税务风险，还是继承风险都是非常高的。比如一个移民美国的客户，将500万美金的资产让自己弟弟代持，资金存在新加坡的一个私人银行。如果弟弟突然去世，资产会按照法定进行分配，如果弟弟有三个孩子，意味着这些资产会被分给遗孀和三个孩子，而移民美国的这个客户什么也得不到。税务风险则意味着，如果美国国税局发现这是一个代持行为，客户可能面临高昂的罚金，甚至刑事责任。

技术性拖掉不仅仅有风险，更给客户一种流浪的心态，即将隐私、代持、无税作为全部目标。同时如何传承这件事一拖再拖，最后在去世的时候，子女可能面临着失去全部资产的可能。

主观拖掉是一种爱的关系缺失的体现。这种拖掉更加常见。

在中国宫廷剧里，我们都见过皇帝由于种种原因不愿意立太子，一拖再拖。最后咽气之后，大内总管把几个儿子叫来，直接拿出一个圣旨，突然宣布某阿哥继大位了，来得异常突然，继任者非但无法得到足够的治国训练，还要面对血雨腥风的夺权斗争。

虽然现代的家庭不会像宫廷剧里面那么戏剧，但有一点是共通的，就是**由于没有建立跨代领导力关系，上一代人走到生命尾声的时候，传下来的是金钱加上满满的负能量。**

我认识一位悲伤的母亲，她在临终的时候，拒绝告诉孩子她的银行卡密码，最后子女用了三个月的时间才把银行卡里的钱取出来。

我有一个亲戚，住在距离中南海不远的四合院里面，整个四合院都是她老人家的。她有自己的子女也有养子，无论是亲生的还是养子，都会来看她，但她似乎对谁都不是特别关心。2000年左右，她身体越来越虚弱，子女都问她怎样安排家产，她一直保持沉默直到去世。毫无悬念，价值一个多亿的四合院拆迁的时候，关于补偿款分配的问题，国内国外的子女大战一场后，彼此再也不来往了。

拖掉的不仅仅是遗产的分配，更是本来可以延续的亲情，更不要说家族传承和影响力了。

还有一种主观的拖掉就是犹疑不决，不知道怎么办。

技术性拖掉是一种工具思维，即通过工具，运用技术手段，专注于"让钱更多、让税更少"的目标上，但忽略了传承的全局；主观拖掉的本质是一种目的和价值迷失，即没有找到做这些规划的动力。无论是技术性拖掉还是主观拖掉，都是因为没有将"预备继任者"放在首位。

陷阱四：花掉

花掉 （Dissipate）是指缺乏目的的挥霍无度，造成家族财富的消散。

首先没有规划的将财产丢给后代或者分给后代，资产立刻被挥霍的概率是非常高的。

但第一代创富者也仍然有可能将巨额的资产化为乌有。

十几年前上海有一家概念川菜馆，是一家家喻户晓的餐厅。有一天，法院来查封他们正在营业的饭店，忙碌的店长对法院工作人员说，你们肯定搞错了，我们怎么可能倒闭呢，我们是上海现金流最充裕的餐厅。但后来才知道，餐厅老板总是去澳门赌博，他早就把自己的连锁餐厅输掉了。

所有正常的途径花的钱都是有限的，但挥霍可以让亿万家财一夜成空。

除了赌博以外，吸毒、婚外恋、风水先生、投机性投资都是常见的花掉的途径。

无论是一代还是二代，花掉都是财富主人的心灵出了问题，在意义和价值上发生了错乱，他们人生的指南针已经失灵了。

财富需要管理，财富传承需要规划。

金钱上自由的人，如果没有自律，很快就会被金钱吞噬，他拥有的还不是财富，而是危险，就像一个不会游泳的人，一下子跳入大海一样危险。

终极一问

历数了前面的四个陷阱之后，我们不禁要发出终极一问：**为什么一个人要在死后以一种活着时永远不会有的方式来处置自己的资产呢？**为什么我们拼尽一生的努力去积累巨额的财富，但在留给我们的后代时，却对继承者如何使用这些资产如此的淡然，如此的佛系，似乎都和自己没有关系一样呢？

积累了巨大财富的人，不妨这样穿心一问。

积累财富和传承财富是两件事，正如前者需要学习和实践一样，后者也需要学习和实践。正如前者需要费尽心力筹划一样，后者也需要费尽心力筹划。

在丢掉、分掉、拖掉和花掉四个失败路径以外，无论是执业者，还是财富家族，都需要寻找新的正途。

"寻找，就寻见；叩门，就给你开门。*"有信心的人应该明白，既然积累财富的智慧可以被寻见，传承财富的智慧也可以被寻见。所以我们需要学会寻求。

---

* 《马太福音》7:7

第二章：财富传承的四个陷阱

跨代领导力信条练习

	作者的信条	我的信条
1	在没有解决Why的问题之前，讨论How是没有任何意义的。	
2	"富贵病"表现为无法将自己的行为与后果联系起来。教导孩子"财富可以买到特权。"是非常危险的。	
3	给掉包括直接给到下一代和慈善机构，但没有设定约束、目标和激励。	
4	平均主义为基础的"分掉"忽略了继承人的差异、贡献和需要。	
5	技术性拖掉多数因为国际避税和隐私的问题。	
6	主观拖掉是一种爱的关系缺失的体现。	
7	金钱上自由的人，如果没有自律，很快就会被金钱吞噬，他拥有的还不是财富，而是危险，就像一个不会游泳的人，一下子跳入大海一样危险。	

第三章

跨代领导力概论

你需要带领你的组织进入这样一个境界，

就是没有你，他们也能做伟大的事情，

只有这个时候，传承才算诞生。*

———

约翰·麦克斯韦尔

---

* 出自领导力大师约翰·麦克斯韦尔的《卓越领导人问伟大的问题》，原文：A legacy is created only when a person puts his organization into the position to do great things without him.

金钱与财富的区别

财富在中文的《国语辞典》*中的释义是：对人有价值的东西。韦氏英文词典†的释义是："丰富的有价值的物质财产或资源。"同时又进一步的解释了两个层面，一个是"有现金价值和交换价值的资产"，另外一个是"具有经济效用的一切物质对象"。中文辞典的释义更简单，财富是"东西"。英文释义更学术，是现代经济学、金融和法律的语汇，但也和中文的指向很相似，因为物质对象也还是东西。

当我们说某事物是我的祖辈留给我的宝贵财富的时候，我们不仅不会局限于金钱，反而会说到金钱以外的东西。比如一种品格、一个教导、一个关系。

我外祖父和绝大多数解放前出生的人一样，不识字，也不富裕，但他在我心目中有特别的地位。我小的时候，外祖父会来我家小住，躺在东北的炕上给我讲他跳火车的故事。

那时候日本人去东北的村庄抓壮丁，外祖父还没有结婚成家，就被抓去修秘密工事。他们住在帐篷里，如果生病了，就会被直接拖走，我外祖父比较幸运，他活到了完工。完工后，日本人为了不泄露他们军事

---

* https://cidian.qianp.com/ci/财富

† https://www.merriam-webster.com/dictionary/wealth

机密，决定将所有的劳工全部拉到一个地方活埋。外祖父也被装到没有窗户的闷罐火车里，要被送往万人坑。

在半路上的时候，火车经过一个小站，开始鸣笛，减速。不知道什么原因，闷罐车的车门徐徐打开了。我外祖父这个时候，一跃而起，从火车上跳了下去，一头钻进了一望无际的庄稼地。同村的一个年轻人也跟着我外祖父跳了下来。在他们的身后响起了密集的枪声，但幸好，他们都没有中弹。

我写本书的时候在家族的微信群里分享外祖父跳火车的故事，我的表弟表妹们都很兴奋，有一种由衷的自豪。

外祖父留给我们这些晚辈的财富是他勇敢的品格，他的故事让我明白，遇到苦难和不公的时候，不应该抱怨，而是要不停的寻找机会，并敢于为自由付上代价，这种传承是精神层面的。

是的，几乎不需要教导，我们都能明白，除了物质财富以外，健康、教育、经验、理念、关系、机会等等都是财富。我相信我和读者已经有了共识，《国语辞典》关于财富的释义可以更加丰富，比如：财富是对人有价值的一切物质和非物质的资源，即物质财富和精神财富。

如果财富不仅仅是物质的，那么财富传承就不应该只停留在金钱层面。

但对于执业者来说，往往在具体实践中，我们似乎又回到了资产列表，回到了金融资产，回到了让这些资产保值和增值的产品和工具上。

在这里，我们**无意主张物质与精神的对立，或者对物质财富的藐视**。恰恰相反，我想去探讨的主题是，由于我们对非金融资产的忽略，而造成金融资产的破坏，以至于传承的失效。

换句话说，**即使没有物质财富，精神财富仍然可以被传承；而物质财富脱离了精神财富，传承就根本不存在**。我外祖父跳火车的故事说明，精神财富可以脱离物质财富而独立并代际传承；我们在第一章中讲的烧钱的故事，则说明了，那位父亲所担心的是儿子在心态上和理念上没有成熟，多少钱都不会帮到他，甚至会帮倒忙，即物质财富无法自己传承。

造成财富传承失效的四个陷阱，丢掉、分掉、拖掉、花掉的原因，几乎和物质财富的类型、增长和收益毫无关系，有关系的是财富拥有者精神财富的匮乏，尤其是传承理念方面的无知和错谬。

有一段俗语："道德传家，十代以上，耕读传家次之，诗书传家又次之，富贵传家，不过三代。"虽然出处已经不可考察，但却广为流传。这段文字很清楚的表达了，精神财富守住了，就能持久；只看物质，不会超过三代。

左右物质的是精神，如果没有精神，物质在凋谢的时候，人生的枝头没有任何果实的影子。

财富传承这件事，需要执业者和财富的拥有者都清醒的认识到一个事实：无论有多少金钱，继承者如果没有预备好，那都不是财富。财富既然需要成为对人有价值的东西，就必须让人和物质财富之间发生有意义的关联。

这种意义的寻求和传递，不会自然产生，需要学习和实践，甚至牺牲。就像火炬接力一样，每一棒，即每一代人都有自己的使命和目标，他们都要知道自己奔跑的方向。

这样的火炬接力需要一种能力，那就是跨代领导力，即将没有人性特质的金钱转化成有精神价值的财富，以至于最后可以战胜人性的弱点、战胜代际的损耗、战胜不确定性。

唯传奇以传承，这是对跨代领导力的呼唤！

如何战胜巨人？

　　"富不过三代"已经成为东西方共同面对的难题。比作魔咒说明是一种顽疾，不容易被打破。这个难题像一个不可战胜的巨人，高大恐怖，这是为什么大部分执业者和财富家族不战而逃的原因。

　　画过素描的人都可能画过大卫的石膏像，但可能不是每个人都知道这个英俊的少年是在战斗。左手拿着冷兵器时代比弓箭还致命的武器-机弦*，右手紧紧攥着他刚从溪水中捡起来的五个石子，准备装入机弦的兜囊。大卫是以色列的祖先和君王，有一天，他来到战场给前线的兄长们送饭。那天非利士人的巨人歌利亚讨阵，以色列军中无人敢应战。大卫看见后毅然决定参战，并用机弦甩石击中了巨人的额头，巨人倒下了。杀死巨人的胜利让默默无闻的牧羊人大卫一跃成为以色列的民族英雄†。

　　大卫面对巨人出战并得胜，有三个主要原因：首先大卫是一个信仰英雄，他确信自己做对的事情就必然成功；二是他瞄准了歌利亚的要害，就是唯一没有任何护甲的额头。一旦额头被击中，巨人再强大也将失去战斗力；三是他使用了正确的武器，即他自己的武器-机弦。让我们

---

* 英文Sling，也被称做投石索或投石器，是一种投石工具，可以作为武器，在兵器分类上属于冷兵器。最简易的制作方式是用一条绳子（皮带），中间缝上一个盛装飞石的兜囊，材质不同与盛装物的不同都会影响投掷的距离与杀伤力。

† 《撒母耳记上》第17章

用大卫战胜巨人的案例来分析一下我们如何战胜"富不过三代"这个巨人。

第一，家族财富传承是正确的事情，必须做，也必然成功，且大有收获。太多的执业者和财富人士面对传承规划，首先想到的是"挣钱吗"，"容易做到吗"，在了解门槛后，畏难情绪就占了上风。就像大卫来到两军对垒的地方，发现他的同胞们只看到巨人的强大，没有看到战胜巨人的必要性和必然性。波兰的摇滚乐队 Ages and Ages 有一支著名的单曲，叫 Do The Right Thing，歌词中说：Do the right thing, do the right thing；Do it all the time, do it all the time（做正确的事情，做正确的事情；一直做，一直做）。我想这是战胜一切挑战的前提，因为无论是生活还是工作，做正确的事情总是有挑战的。犹太拉比 Jonathan Sack 说过："活鱼都是逆流而上，只有死鱼随波逐流。*"传承意味着不接受三代返贫的魔咒，进行勇敢抗争的抉择。对于执业者也是一样，有太多的公司和团队因为误会进入财富传承市场，因为理解而悄然离开。但市场上也有满怀信心的坚守者，他们相信**做正确事情的奖赏永远超过为奖赏而做**。大卫的故事里面还有一个细节，就是如果战胜巨人，他会成为国王的女婿，获得巨额的奖金，他的家族可以免除纳粮当差。大卫通过做对的事情，获得了超高的奖赏和荣耀。为了目的而做事，不以奖赏为目的，得到的奖赏反倒是最大的。财富传承也一样，是对的事情，也必然是有大奖赏的事情。

第二，我们要找到这个魔咒的弱点。毒蛇虽然凶猛，但其有清楚的弱点。这是为什么有打蛇打七寸和三寸的说法。七寸之处是蛇的心脏所在，也是蛇的致命部位，一旦受致命伤，蛇必死无疑。三寸处距离头部近，当三寸处的脊椎骨受伤时，受脊椎骨保护的脊髓就会遭受严重的伤

---

* 《领导力课程：犹太圣经周读有感》，英文书名为 Lessons in Leadership: A Weekly Reading of the Jewish Bible

害，头部神经中枢和身体其他部分的通道就被阻断，同时，当蛇三寸处的脊椎骨被打伤或打断时，蛇将丧失抬起头咬人的能力。富不过三代要想被打破，需要找到这样的致命部位来发起攻击。就如大卫的机弦甩出去的石头，是正中了没有护甲的巨人的额头，巨人所有的战斗力都立刻消失了。产品思维的缺陷是，财富增长的速度无法对抗继承人挥霍的速度，好比不打蛇三寸，专打蛇尾巴，不仅无效，可能还很危险。如果我们用工具思维，可能为了钱，大大捆绑了继承者自己的手脚，最后钱可能在，但家族却失去了活力或凝聚力。"富不过三代魔咒"的要害是错谬的传承文化，运用跨代领导力，我们可以准确的击中它的要害，从而将家族财富的无限潜力释放出来，从此祝福中华民族！

　　第三，我们自己的武器，才是正确的武器。在大卫战胜巨人的故事里，还有一个细节。在大卫来到阵前，并自告奋勇去攻击巨人的时候，他身后站着一个人。这人就是当时的以色列国王和将军扫罗。扫罗把自己的铠甲和剑给大卫，但大卫穿上觉得不合适，剑也用不习惯，他就还是穿回自己的衣服，带着自己的机弦和牧羊人的手杖冲向了巨人。在我们执业的过程中，我们都在尝试学习别人先进的东西，但是否能用只有我们自己知道。**只有当士兵和士兵使用的武器融为一体的时候，这个士兵才能战斗。**不是号称最先进的东西就是最好的，国王的战甲和宝剑也未必管用，关键是要适合。**每个执业者都要找到自己的秘密武器，就是我们日常操练的。**正如机弦、手杖和溪水中光滑的石子都是大卫的日常。对每个执业者而言，无论是信托、保险、律师、会计师、投资顾问、银行还是移民行业，我们都不需要改变我们自己熟悉的东西来做传承，我们需要做的是有跨代领导力的思想，然后将最熟悉的东西变成最强大的武器。同样，一个财富家族，也不需要哀叹自己没有罗斯柴尔德家族的时运，从自己身边的事做起，用自己的方式，加上思想理念的转变就可以成功传承。因为真正传奇的家族，是那些看似平凡，成就了非凡的家族，就像牧羊人大卫打败巨人一样。

就算你不是亿万富翁，你也仍要思考传承，因为我们既然来到这个世界，就意味着我们是独一无二且有价值的，而我们生命的历程就是要把这种独特性和价值活出来，并传下去。就像我跳火车的外祖父一样，他一直是我心目中的英雄。

领导力与理财师

有一次，我和一名财富传承执业者会员（WSP*）一起去见一个上市公司的大客户。在我们拜访之前，我们表示会跟他聊一下家族传承和信托的事情。等我们见面的时候，客户抢先作了一些表述：一是他已经有好几个理财师为他服务，他也买了很多产品了，最近未必要买；二是他的孩子还小，自己身体健康，婚姻也很稳定。我想客户一定见了太多的"专业人士"，他们用产品驱动思维和工具驱动思维跟客户沟通过很多次了。**客户说最近不买产品了，是对产品驱动的抵触；说自己没有风险需要管理，是对工具思维释放的恐惧的一种抗议。客户似乎已经做好了准备，不想尬聊那些老生常谈。但我们知道，见过他的理财师和他自己都没有去挖掘一个维度，那就是"跨代领导力"。**

我用了大约15分钟的时间，用类比的方法告诉客户：正如您总部墙上写着的公司愿景一样，您的家庭也需要这样的治理思路。这位身经百战的创业者立刻就明白了，他的反应是："家族传承是一件马上就需要开始的工作，最近那些出事情的人还是因为不懂。"临行的时候，他嘱咐我们快点出方案。

这个案例说明了一个道理，那就是在私人财富管理市场上，无论是理财师还是客户都有一个盲区，一旦被找到，财富传承的规划就会被激活。这个盲区也就是我们说的"富不过三代的魔咒"这个巨人的弱点，我们需要在这里下功夫。

---

* WSP是财富传承执业者（Wealth Succession Practitioner）的简称，详情请参考：https://www.myhechang.cn/wsp

美国著名的信托公司罗纳德·布卢信托的创始人罗纳德先生总结了理财师（Financial Advisor，泛指财富管理行业从业者）的角色，是三个角色的交集，如**图3-1**：

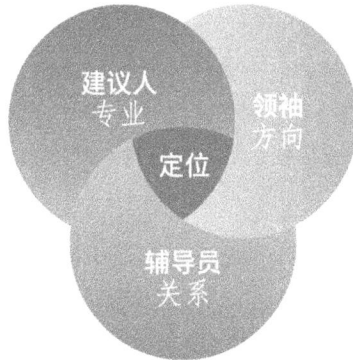

图 3-1　理财师的角色

理财师首先是一个建议人，提供产品与工具方面的专业建议。一个理财师要给顾客专业的建议，可能和产品相关，一般此类培训会在公司内部进行。比如一个保险、基金或者一个保险金信托的流程，这些专业的知识，虽然顾客不需要知道那么详尽，但理财师仍然需要比顾客了解更多，才能取得客户的信任，更不要说站在客户立场上的独立理财师了。理财师作为建议人的另外一个方面是法商方面的专业知识，此类知识一般在机构外部获得，但仍然属于专业层面，并不涉及理财师的另外两个角色领袖和辅导员。法商是将产品以外的工具融汇进来，提高客户的风险意识，从而促进客户更多购买理财师的产品或使用法商老师的法律服务（属于工具范畴），但并不涉及领导力的维度。

作为专业建议人，一个理财师或者一个三方财富管理机构可以成为一个家族信托中的投资建议人，单独负责投资方面的决策。

专业固然重要，但专业在实际成交的过程中所起的作用远比想象低得多。这不得不说**理财师的另外一个身份，那就是辅导员。**

我跟很多理财师和保险代理人交流，发现他们多数都是喜欢面对面交流的人。有人会说自己会花很多时间，与客户一起旅游、聊天、约饭和打高尔夫。客户会敞开心灵跟他们说很多个人的事情。这很好的解释了一个问题，同样的收益，客户会选择某一个销售，而不会选择另外一个销售的原因是，客户和这个销售建立过一种"关系"。**关系的本质是一种心灵上的连接，客户与理财师之间可以理解、沟通和互信。理财师不仅仅销售了产品和工具，同时也提供一种"我会与你同在"的承诺和体验。前者是一种专业信任，后者是一种心理需求。**

理财师虽然不是心理咨询师，但只要业务做得好的理财师都与客户建立了很好的关系，这让关系也成了一种独特的、无法取代的资本。

现在我们来说说第三个环，领袖。

在客户要做一笔大投资的时候，或者要决定一件大事（比如要设立一个家族信托）的时候，我们都知道，我们要跟能做决策的人去聊。是的，人生是由决策构成的。领导力大师麦克斯韦尔说："**人生就是选择，你所做的选择决定了你是谁。**"当理财师参与客户的财务决策时，其实是在参与客户的重大人生决策。

这个时候，一个理财师有两种选择，一种是见机行事，观察客户的思路，然后顺着客户的思路和需要，用自己的专业技术，通过与客户关系的粘性，争取客户尽早下单，获得自己的收益。这是一种传统的做法，无可厚非。这个思路用了上面三个环中的两个，或者只有一个，但未必用到领袖这一环。

加上领袖这环意味着抓住**财富管理的本质：理财决策即人生决策。**通过学习专业的跨代领导力技术和理念，加上主动出击，你就可以真正担当起领袖这个角色。财富和人生是息息相关的，我们学习的理财技术大多围绕着让钱更多这个主题进行，但人生的问题远远比这个复杂，需要的决策智慧也大有不同，并不是理财的技术能够涵盖的。

一个优秀的理财师，尤其是能为客户做到财富传承的理财师，必须深刻理解自己的领袖角色，即参与到客户人生决策的过程和技能。让我们在下一节里，更加深入的理解一下领袖所必须具备的品质，即领导力。

领导力基础

领导力在成功学中占据着王者地位。全世界领导力方面的著作也可以说是汗牛充栋。很多人涉猎过大量这类书籍和课程，关注了很多视频号，看了很多抖音大师的演讲，但可能仍然非常茫然，不知道什么是领导力。美国麻省理工学院博士、美国组织发展理论大师沃伦·本尼斯说："几十年的学术分析给了我们350多种关于领导力的定义。从来没有这么多人花这么长时间说出这么少的道理。和爱一样，领导力仍然是一种人人都知道存在但没人能定义的东西。"本尼斯说的是1985年的情况，也可能是我们今天很多人认知的乱象。但正如自然科学的发展仰赖指导原则的累积，人文科学也是一样，到目前为止，我们对领导力的理解已经越来越清晰，推广应用的范围也越来越广。

站在前人研究基础之上，我们可以这样总结领导力的定义。

首先领袖是"个人"带领"众人"进去一个以前没有去到的地方，一个未知的领域。如果是已经熟知的领域，我们就不需要一个带领者，不需要一个领袖。一个执业者在帮助客户做出购买理财产品、保险产品、帮助客户设立一个信托或写一个遗嘱的时候，我们是在帮助客户进入一个未知的领域，所以**财富管理的工作职责必然包括了提供方向和激励**。这个原理同样适用于客户——财富如何传承、家族如何传承，这些规划事宜是未知的新领域，在执业者的帮助下，客户自己需要影响自己的家庭、家族、社区、行业以至于社会。如果执业者不能够自己在这方面提供这样的方向和激励，客户就必须从其他地方寻找这样的专业帮

˙沃伦·本尼斯1985年的著作《领袖》第四页。Leaders by Warren Bennis and Burt Nanus (1985, p.4)

助；如果客户自己不清楚自己需要为家庭提供这样的方向，那么也永远不会有方向。我们可以大胆断言：**无领袖，不传承！**

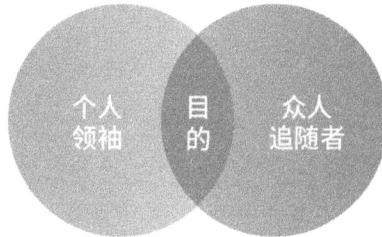

图 3-2　领导力的定义

如**图3-2**所示，既然领导力是一个叫做领袖的人带领大家进入一个未知的新领域，那么领导力就意味着以下两个层面：

第一个层面：领导力是过程，是领袖影响追随者去实现某一个目的的过程。

第二个层面：领导力是关系，是共同的目的将领袖和追随者联系在一起。

在中文语境中，我们经常使用领导一词，但很多时候，领导不等于领袖，领导不等于有领导力。我们常说的领导是来自管理，而非领导力。我们可以将领导力（leadership）和管理（management）做一个对比。

从**表格3-1**中我们可以很清晰的看到管理和领导力的区别，很多时候，我们会误认为管理就是领导力。这种误会在家族传承这个问题上尤为突出。

表格 3-1 领导力和管理的对比表

管理	领导力
来自"职位"	来自"个人"
力量来自职位的权威	力量来自个人的可靠性
组织任命的	追随者自发的
以"一致性"为使命	以"改变"为使命
以"遵从"为战略	以"献身"为战略
靠职位描述要求追随者	对追随者没有要求

在跟我做咨询的客户中，有太多的家长抱怨孩子不理解他们的苦心。在这些家长的心中，孩子应该像下属听领导一样听他们的，况且是"为他们好"，如果不听，他们就很生气，然后就放弃和儿女深入交流，大家就求同存异、客客气气的生活下去了。很明显这是无法回避的代沟问题，靠管理（如传统的孝顺大棒）去填平代沟是不理性、不科学的。要做到传承，必须关注自己的领导力，因为传承就意味着子孙后代在没有先辈的时候仍然有方向、有想法、仍然幸福。而那个时候，管理是无效的，有效的是跨越代际的领导力。换言之，管理为主导也许可以应付当代，但无法做好传承；**没有领导力意味着财富的拥有者不具有预备继承者的基本能力**，他最多能做的就是从产品思维出发为后代赚更多钱，从工具思维出发，限制后代挥霍。做大老板的家长回到家里，不要用职场上领导的威权弹压子孙后代，这是根本的错误，必然造成家族传承的灾难。

幸运的是，执业者和客户是在"关系"里面，不是在同一个"组织"里面，执业者天生的服务商地位决定了他们不会陷入管理陷阱。但执业者会有另外的问题，就是认客户为金主，客户要的就是对的，不会去深层次挖掘客户真正需要什么，不会去带领客户做最好的决策，结果客户还是"领导"。其实这是另外一种方式，将领导力理解为管理，我们自己已经放弃了发挥领导力的机会。检视我们的态度和行为，我们会发现，我们还是将自己放在了一个被管理者的位置。正确的思路应该是，执业者要有自己的核心价值观，做对和做好，对客户形成吸引力，让客户从专业、关系和领导力三方面全部受益。也只有这样的全身心投入才会形成持久的、巩固的、深入的和健康的客户关系，对于独立理财师和买方思维的家办更是如此。

很多独立理财师发现自己无法做到独立，那是因为他们根本没有独立的思想，"提成高"这位"领导"正在指挥他们去往必须去的地方，他们根本就不在领导力这个层面。很多买方思维家办，也必须清醒的认识到，所谓的买方思维，不是因为听从了客户的想法叫买方思维，而是我们独立的、公平的、全面的、科学的理念，在与客户发生共鸣之后，一起做出的决策才是真正代表了买方的思维。买方思维是一种服务态度，其本质应该是管家思维。

领导力是一个过程，一种自我成长的过程。我们不能期待一蹴而就，领导力需要从自己改变开始。**既然领导力不能强制，那就意味着我们必然活出我们所相信所宣称的品质，其他人才会自愿跟从我们。**

领导力是一种关系，关系的交集是共同的目标，向好、向善的目标。

跨代领导力的定义

理解领导力本身的定义，结合执业者的使命，我们会发现领导力在家族财富管理中所起的核心作用。

更重要的是，这是一个待发掘的领域。对于执业者来说，这是市场，这是为业务赋能的机会；对于财富家族来说，这是"打破富不过三代魔咒"的关键。而执业者和财富家族将在这个共同目的上建立一种关系、一个联盟，同时也走上了一条道路，就是执业者要矢志影响财富家族去实现这个目的，而财富家族的族长也要矢志影响自己的后代和社群，以致整个社会去实现这个愿景。

跨代领导力对于执业者来说，是执业者在基业长青这个目的上去积极影响财富家族的过程。财富家族是基业长青目的的实现者，但执业者之所以发挥了领导力，是因为执业者在理念和行动上，先与这个目的对

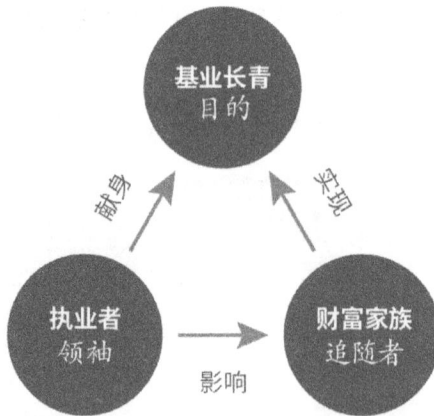

图 3-3 跨代领导力：从执业者到财富家族

齐了。是执业者的执着、信念和献身激发了客户，即财富家族，一起用新的眼光去看待自己的财富和家族，并采取了具体的有效的行动。

从**图3-3**中，我们可以清晰的看到，财富传承执业者要想和财富家族建立关系，必须真心的以客户家族的基业长青为目的。

如果你是一名执业者，你必须明白，如果你不去影响财富家族，就会有其他人去影响他们。如果我们只看到专业和关系，忽略了执业者角色中的第三个环即领导力，我们在家族传承这片蓝海里，就不会成为弄

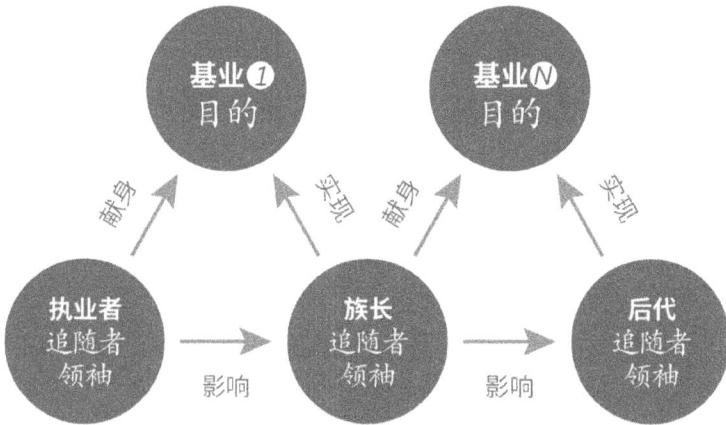

图 3-4 跨代领导力：执业者、族长到多代

潮儿。如**图3-4**所示，当执业者觉醒之后，会将"目的"传递给财富家族，最先觉醒的成员成为族长。族长首先是跟从者，然后才成为领袖。这是跨代领导力的重要原则之一，**那就是领袖必须是跟从者，领袖必须先被引领；同时真正的领袖的跟从者也必须成为领袖，这样才会带来代际的成长，才会有基业长青的可能。**

对于财富家族来说，要想"实现"基业长青的目的，是不可能将这件事转交给执业者的，**家族自己必须亲自上场。领导力要想有效必然是一种力量的传递，家族领袖的兴起是前提。**这里的家族领袖可能是长辈如爸爸妈妈或爷爷奶奶，但也不排除晚辈的中一位。重要的是需要有一个觉醒者，这个人我们姑且称他为族长，他未必是辈分最高的，因为按

照辈分说话是一种威权管理。领导力意味着，有一位对"基业长青"这个目的有先知先觉的人在家族里出现。当这位先知开始献身的时候，其他人才会被影响。当家人都觉得目的崇高的时候，跨代领导力就开始形成了。

传统发面的方法是用一小块面引子放在新的面团里，这个面引子就是上次已经发酵面团的一部分。家族传承也是一样，那个族长自己必须已经是完全发酵的面的一部分，才有机会让没有发的面发起来。**要想催化他人，必须自己先被催化。**这意味着族长必然先是传承文化的信奉者，而不能仅仅是一个传承文化的羡慕者。

简而言之，**跨代领导力是一种以基业长青为使命的文化觉醒和实践，是追随者缔造领袖的运动。**

跨代领导力是思想和生活方式，并不是高净值的专利。所以执业者不要以为自己必须先成为亿万富翁、有很多孩子、年龄到了60岁以上，才有资格讨论传承问题，事实上，跨代领导力可以应用于任何阶层和年龄段的人群，当然更不能少了执业者自己。笔者遇到很多执业者习惯性的抱怨自己的客户没有成熟的传承理念，但却不觉得自己是那个可以影响客户的人，这个思路是致命的错误。客户会特别仔细的观察执业者的生活，很多点滴细节都会透露执业者对于财富传承的价值观和方法论，作为财富传承专业人士，我们必须先要从献身基业长青这个目的开始，我们的客户才会被影响和改变。

上面执业者的错误很多财富家族也同样会犯。大家受电影和新闻的影响，总觉得传承规划都是李嘉诚和川普家族的事情，我们家孩子这么少（有的还没有孩子），钱也不多，就不要谈什么传承了吧。这其实是对传承本质缺乏认识造成的，如果我们都意识到传承就是预备继承者的工作，是自己的生命本质的不可或缺的延续，那么我们就会让跨代领导力的方法以生活方式的形态进入到自己的生活。既然我们创造了那么多财富，我们是那么有理想和价值观的人，难道我们不能成为酵母，激励后来者吗？

跨代领导力的四个象限

正如我们在"领导力基础"中所阐述的那样，领导力是发挥影响实现转化的过程，跨代领导力作为领导力的一种应用，也是一个过程。为了让这个过程更加清晰的被理解，我将跨代领导力分解为四个象限，即目的、文化、影响和疆界。关于每个象限，我们后面会分别用一整章篇幅一一详细阐述。

四个象限是法国数学家、哲学家笛卡尔*的伟大发明。他的著名格言"我思故我在"是大家耳熟能详的。他从逻辑学、几何学和代数学中发现了4条规则：

1）凡是我没有明确的认识到的东西，我绝不把它当成真的接受。

2）把我所审查的每一个难题按照可能和必要的程度分成若干部分，以便一一妥为解决。

3）按次序进行我的思考，从最简单、最容易认识的对象开始，一点一点逐步上升，直到认识最复杂的对象。

4）在任何情况之下，都要尽量全面地考察，尽量普遍地复查，做到确信毫无遗漏。

笛卡尔的方法论和科学精神是西方科技革命的重要组成部分。**人类无论是自然科学还是社会科学，从笛卡尔的4条规则都可以体会到，只**

---

*引文摘自维基百科，参考链接 https://zh.wikipedia.org/wiki/勒内·笛卡尔

要坚持探寻真理，真诚的思考实践，复杂的对象也可以被分解，其中的必然规律也会被发现。

不是每个人都知道四个象限是笛卡尔的发明，但在管理学中，我们几乎马上会想到美国著名管理学家柯维*的时间管理四象限法。很多财富

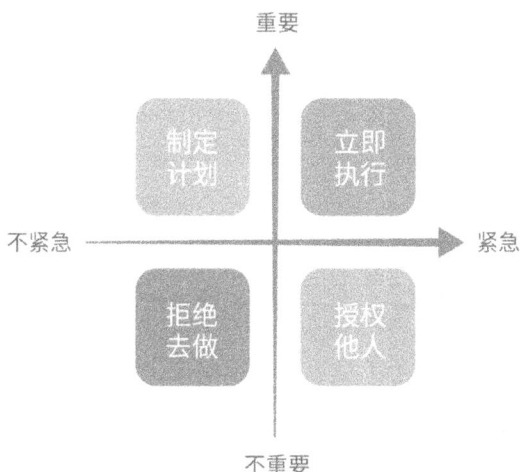

图 3-5　时间管理四象限

管理行业的专业人士也曾用柯维的四个象限，对传承规划的性质进行了分析。**传承规划既然是一个规划，那么就是属于重要但不紧急的事情，如图3-5所示。**抱着这个心态的执业者，其实是对能够引导客户进行规划并现在就采取行动这件事情不抱有信心。持定此心态的执业者会回到产品和工具思维，进而放弃"财富传承"这个事业。

如果是一个财富家族，创富者绝不会觉得家族传承是不重要的事情，但如果没有税务、婚变、疾病、死亡等紧急的事情发生，传承这件事也可能永远是打引号的计划。由于缺乏专业的引导，即使有理想做传承规划的财富家族，最后也很有可能落入我们在第一章中说的第三个陷

---

*畅销书《高效人士的7个习惯》的作者史蒂芬·柯维

阱，即拖掉，**因为没有领袖去塑造领袖，最后只有在平庸中延宕，在延宕中消亡。**

我经常听到很多执业者抱怨说，客户没有做好规划，因为他们没有遗嘱和信托。这个说法貌似很有道理，但仔细思考后会发现有很大问题，那就是遗嘱和信托是规划成果的载体，但一个家族首先需要的是规划本身。说到底，这个抱怨仍然是工具思维，工具是必要的，但工具需要使用他的人。能使用传承工具的人只会是有传承思路的领袖，这是家族形成的基础。

执业者和财富家族遇到的共同挑战，恰恰说明跨代领导力是解决方案。如何让"重要但不紧急"的传承规划真正开始，让长远的规划落地到"重要且紧急"的日常当中是当务之急。

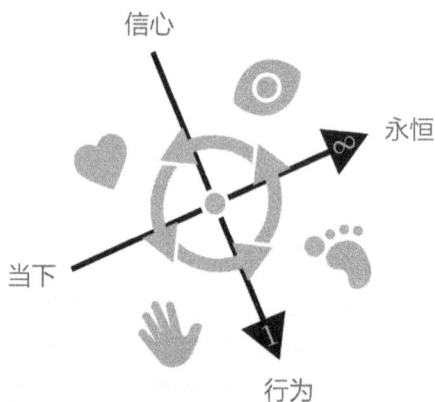

图 3-6 跨代领导力坐标轴和四个象限

跨代领导力的本质是补充前文中执业者三个角色中一个角色的缺失，即是建议人-有专业，是辅导员-有关系，但不是领袖-没有方向和激励。如果有了方向和激励，我们就能够帮助执业者走出当下的困境，也能打破族长心有余而力不足的僵局。

　　如上节**图3-6**所示，跨代领导力将"当下"与"永恒"放在一个轴线上去考量，让长期规划的价值直接激发短期诉求；同时在纵轴，将信心和行为放在一个轴线上，让真实的财富管理规划变成落地的实操，而不是空谈。两个坐标轴的含义，我们会在接下来的两个小节中详细展开。

领导力坐标轴

如**图3-6**所示，领导力轴上面的坐标是信心，下面的坐标是行为，箭头上有一个数字"1"。上面的信心可以看到两个图标，就是眼睛和心，分别代表目的和文化。下面的行为两个图标是手和脚，分别代表影响和疆界。**数字1代表信心和行为的合一。**领导力轴是领导力作为一个过程的诠释，只有这种合一贯穿始终，领袖影响追随者这个过程才会发生。

这个坐标轴之所以被称为领导力轴，是因为，信心和行为的合一是领导力的核心特征。

根据领导力大师James Kouzes的在全球10万多份问卷的统计（见**表格3-2**），最受尊敬的领袖特征（CAL*）中，绝大部分发达国家的数据显示，正直是第一位的，前瞻和激励排在第二和第三，而能力却排在第四。

正直是一种品格。一种说的就是他信的，做的就是他说的，表里如一的一致性。James Kouzes在《领导力挑战》中指出：**一个有正直品格的领袖只有一个自我，一个没有正直品格的领袖只是在表演。**这种一致性意味着，一个人无论是人前还是人后，无论是职场还是家庭，他都是他自己。但这个"做自己"不是心灵鸡汤的那种没有原则的、跟随己心的放纵；不是自己跟自己对齐的做自己，而是置身责任、置身服务中

---

* CAL-Characteristics of Admired Leaders，《领导力挑战》James Kouzes 与 Barry Posner 合著

表格 3-2　最受尊敬的领袖特征（CAL）

国家	正直	前瞻	激励	能力
美国	1	2	3	4
澳大利亚	1	2	3	4
巴西	1	2	4	3
加拿大	1	1	3	4
中国	3	2	1	4
日本	1	1	4	3
韩国	1	1	4	3
马来西亚	1	2	4	3
墨西哥	1	2	3	4
斯堪的纳维亚	3	2	1	4
新加坡	4	2	1	2
土耳其	3	1	2	4
阿联酋	1	2	3	4

* 相同的排名次序同时存在表示两个品格的重要性不相上下

的表里如一。因为领导力是为了实现一个积极的变化，进入一个更有意义的新境界中。

　　在财富传承这件事上，执业者必须自己表里如一的践行财富传承原则，去点燃族长的热情和使命感；同样族长也必须自己找到自己的道路，通过行出来去影响家族成员和社区。

　　电影《血战钢锯岭》是一个真实的故事。

荣誉奖章（Medal of Honor）是美国的最高军事荣衔，授予那些"在战斗中冒生命危险，在义务之外表现出英勇无畏"的军人。二等兵德斯蒙德·杜斯是美国历史上唯一获得此奖章的"良心拒服兵役者"。

杜斯来自一个非主流的教宗，他的信条是"不可杀人"，所以他选择做医疗兵。但按照军规，杜斯仍然需要持枪训练。

断然拒绝领枪的杜斯成了大家共同的难题。中尉和其他人在劝说无效后希望他知难而退。杜斯于是遭到战友的殴打，上司的嘲讽刁难，被叫去扫厕所，被关禁闭，但杜斯坚持他是来救人的，不是来杀人的，这和其他人为了战胜法西斯的目的是一致的，他默默的承受一切屈辱，但仍然坚持他的信仰。

硬的不行来软的，上司叫来了杜斯深爱的未婚妻，美丽的姑娘哭着说，你就拿一下枪，你不杀人，你就为我挥舞一下不行吗？杜斯也哭了，他说："如果我不坚持我所相信的，我不知道如何面对我自己。"显然，杜斯的信仰和行为之间没有折衷地带。

最后在军事法庭的特许下，"奇葩"的杜斯作为医疗兵来到了血腥的钢锯岭。在大部队后撤之后，杜斯发现还有伤兵，他没有撤退，而是孤身一人救回了70多个战友，包括前面不理解他、刁难他的上司和战友。第二天是周六，大部队要再反攻钢锯岭，中尉找到杜斯，对他说："他们大多数人不能理解你的信仰，但他们都知道你的信仰有多坚定。你在钢锯岭上做到的是奇迹，他们都想成为奇迹的一部分。没有你，他们就不上去。"因为当天是周六，全体人员都等杜斯做完了例行的祷告才发动进攻。

因为杜斯，战争的主旋律从杀人变成了救人。

杜斯是二等兵，在职位上他没有任何特权去指挥其他人，他的力量是来自于个人的品格，这种品格是通过信仰和行为的一致性实现的。大家最后愿意跟随杜斯共赴战场，是自发的，杜斯已经成为"救人"这一崇高目标的领袖，而其他人在这一目标上因为杜斯的献身而被发动起来。德斯蒙德·杜斯用他的生命诠释了**领导力的第一原则，即信仰和行为合一的力量。**

领导力坐标轴对应跨代领导力的合一原则。箭头上的"1"对于执业者来说，就是要找到自己的信条，且用实际行动去沟通。对于家族领袖来说，是要找到家族的那个"1"，就是家族精神，并自己亲自去践行。这种践行，是一种朝圣者的践行。执业者没有朝圣者的精神，就不可能影响家族；家族族长没有朝圣者的精神，就空有财富、产品和工具，也不会对家人和社会产生任何影响力。

一个拥有了朝圣者精神的家族，必然有人前赴后继的追随。一个人来到世界的使命是独特的，一个家族也一样，家族找到属于自己的那个"1"，并坚持不懈，必然成为传奇。

代际坐标轴

如图3-6所示，代际坐标轴左边的坐标是当下，右边坐标是永恒，箭头上有一个无限的符号"∞"。左边的当下可以看到两个图标，就是心和手，分别代表文化和影响。右边永恒的两个图标是眼睛和脚，分别代表目的和疆界。**无限∞的箭头代表当下对永恒的绝对顺服。**代际轴是领导力作为一种关系的诠释，是领袖和跟随者在家族历史中，共赴家族使命的盟约关系。

如果我们用当下和永恒这两个坐标来思考这个坐标轴，有人可能会问，为什么不叫时间轴？难道基业长青的指向不是时间属性吗？这是一个很好的问题，这个问题立刻让我联想到罗振宇"时间的朋友"的跨年演讲。

如果在我们这个坐标轴上，从当下到永恒，我们以年为刻度，每一次跨年，我们很快就会发现，我们要陷入更深的焦虑，因为我们的存在是那么的渺小，皱纹的增加、记忆力和体力的衰退和对新鲜事物热情的消减，都在提醒我们，时钟的嘀嗒不是枉然的，它们正在无情的蚕食我们的青春，死亡就等在不远的将来。无论这个世界给出多少个科学与商业上的脑洞，我们必须要面对的一个现实就是，**人固有一死，如果我们没有传承，就与永恒无关。定睛时间，时间会成为我们的敌人，我们无法解决时间。**穿越剧再有趣，也无法代替现实。我见过很多高净值客户，的确有很多人在寻找冻龄之类的长生不老之术；而不那么相信生物科技的人，则会在通过什么工具和什么产品让自己和家人一直有钱上下功夫，这样的思路，必然会停留在产品驱动和工具驱动的道路上。就如我们在第一章中提到的达利欧想寻找永恒不坏之身一样，那都是童话，不会成为现实。这个童话无非是摇钱树和聚宝盆而已，永远也找寻不到，痴迷者不仅会浪费自己的一生，更可怕的是贻误子孙后代。

现代人无论怎样提高生活质量和延长寿命，对时间的恐惧都不会减少，因为在与无情时间赛跑的过程中，没有一个赢家。

"多子多福"的观念由来已久，经久不衰。一个人不能永远活着，但可以有自己的后代。在这个生育辅助技术非常发达的今天，我甚至听说过一下子海外代孕10个孩子的富豪。这类思路的家庭会为子嗣存钱，努力保持寿命和生活质量，最大化正规教育的投入，希望万一有一个孩子特别出息，让门庭光耀。

华人特别重视正规教育、勤奋、喜欢生育、善于攒钱、温和、聚居。在传统的客家文化中，华人作为一个族群，同宗互助，同乡联络更是显著。在全世界，唐人街会成为华人聚居的地区，有自己鲜明的文化特征。这些优点让我们生存的不错，但却难以产生对世界文明贡献极大的个体和家族。更加致命的是，每逢整个社会发生系统性动荡时，家族也会随之消亡，家族的抗击力很弱。

是什么在阻挡我们华人更伟大，更有影响力呢？笔者以为在诸多的优点中，我们有一个致命的缺点，就是过于关注当下的、短暂的和实惠的，总是强调"我死了，我也管不了那么多了"。即使留出足够的钱给子孙后代，继承这些钱的人也有着同样的思路。周而复始，"活在当下"让华人的家族多数是在"维持"，而缺乏对周遭世界的影响力。

"永恒"是一个舶来品，说到永恒会让华人浑身不自在，在华人的富人圈，大家都在说如何赚更多的钱，如何让孩子上名校，但那些形而上的东西，让华人觉得矫情。包括很想去做家族传承的执业者，心里想的是如何通过传承这件事可以让自己挣更多钱，自己也不相信传承这件事。

美国著名女诗人埃米莉·狄更生有一句特别经典的诗："**永恒，由当下们谱写***"，如果当下不是对标永恒，那么这个当下就不属于永恒。

没有远方，道路就没有意义；没有永恒，今天的意义至少非常有限。对当下最好的珍惜，就是向永恒致敬。

树立正确的代际观，是华人传承文化的当务之急。

跨越代际仍然有信心并不容易，这种信心只能存在于有超越肉体死亡信仰的族群中，这样的族群也必然有死里复活一般的复原力。

研究家族传承问题，我们无法跳过犹太人。在世界民族之林中，犹太人非常的弱小，他们颠沛流离，国家亡了好几次，还经历过多次类似奥斯维辛集中营的种族灭绝灾难。最近一次的复国是1948年，犹太人竟然将已经死亡的希伯来语重新变成了活的语言。世界上文化、科技和金融的巨匠中犹太人不胜枚举。到底是什么精神支撑犹太民族的超强复原力（Resilience）呢？

我们都知道数字13是西方文化不吉利的象征，但很少有人知道13和一次犹太人灭族危机相关。

在波斯帝国最强盛的时候，犹太人散居在这个地跨亚欧非的大帝国。有一个犹太人名叫末底改†，他在波斯的王宫中做官，他叔叔夫妻

---

* 英文原句：Forever – is composed of Nows

† 见《以斯帖记》

两个被亚玛力人杀害，他就收养了年幼的堂妹以斯帖像女儿一样爱她，并按照犹太人的文化教养她。后来孤儿以斯帖被选中做了波斯的王后，但她没有暴露自己的犹太人身份，因为犹太人有自己的文化和信仰，不愿意融入帝国的文化，总是被排挤。亚玛力人在古代就被以色列人打败，杀死他们先祖的就是末底改这个支派的犹太人。以斯帖做了王后没有多久，亚玛力人哈曼成了一人之下万人之上的权臣，开始策划对犹太人的大屠杀。末底改找到以斯帖，让她去见波斯王，为犹太人求情。但按照波斯王的定例，任何人不可以主动去见王，否则要被处死，而且那时候，波斯王已经一个月没有召见王后了。末底改对以斯帖说："你莫想在王宫里强过一切犹太人，得免这祸。此时你若闭口不言，犹太人必从别处得解脱，蒙拯救；你和你父家必致灭亡。焉知你得了王后的位分不是为现今的机会吗？"以斯帖回答末底改说："我违例进去见王，我若死就死吧！" 以斯帖冒死见了王之后，当面揭穿了哈曼的阴谋，犹太人在帝国的地位高升，哈曼和他的十个儿子都被处死，末底改后来做了波斯的宰相。

哈曼通过挚普珥，就是挚签，定的屠杀日期是13日，这天反倒成了哈曼的十个儿子以及其他要屠杀犹太人的死期。从那时起，犹太人每年这个时候，就庆祝普珥节*，以斯帖也成为家喻户晓的人物，直到今天。以13为不吉利的人需要重温这段历史。

以斯帖那时候的"当下"是非常有安全感的，她虽然是犹太人，但有波斯人的身份，而且还是王后。以斯帖的堂哥末底改在面临灭族危险的时候，有超自然的自信，他相信犹太人不会灭亡，上天永远都会为他们开一个出路，他们有未来、有永恒。但问题是，如果以斯帖闭口，她最好的结局无非是带着自己的安全感终老在波斯的宫中，她不再属于她的民族、她的家族，她在这条代际的轴线上消失了。所以末底改不是向以斯帖祈求一个机会，而是告诉以斯帖，**虽然有死亡的风险，但这却是**

---

* 普珥节庆祝于犹太历亚达月的第十四日、十五日

她一生最好的机会，命定的时刻。以斯帖接受了这个挑战，勇敢走进了自己的命定，放手一搏。

一个民族也好，家族也好，如果永远谨小慎微的自保，做当下的看客，他们的后代必然会渐渐在历史中消亡。

英国首相丘吉尔，在二战中临危受命，战胜法西斯德国的经历和以斯帖相似，他说：

每个人的生命中都有特殊的一刻，此人就是为此而生。他一旦抓住这个特殊的时机，就会达成使命，这使命唯独他有资格承担。在那一刻他感到伟大，这是他最美好的时光！

一个人所在的家族，民族，必然会呈现出一个机会给他，最完美的当下是他融入永恒的机会。

把每一天当作最后一天来过的人，是牺牲永恒来成全今天；一个把每一天当作永远来过的人，是让当下顺服永恒。

为本"族"去牺牲自己，是对自己是谁，即自己的身份（Identity）的终极认可，是自我觉醒和自我实现的高度统一。**从某一个觉醒者开始，他一旦看见了永恒，并践行他的身份，家庭会变成家族，会变成世家；当世人看他们，看到是一个完整的叙事，每一代的故事不同，但主题是恒久的。**

人生需要挺身而出的时刻，总意味着挑战，虽然未必都像以斯帖的故事那么壮烈。曾经有行业内的前辈对说我："传承这件事是'传钱'，再进一步就是帮助'传钱'的技术，到此为止，而你为什么要把又大又难的问题放在客户的面前，于你有什么好处呢？"我说："对客户有好处，就是于我有好处。"其实富不过三代的魔咒就在那里，解决这个魔咒的方法就在于这个又大又难的点上。这个点就是，人要认识自己是谁，一旦觉醒了，就不再惧怕，纵使不是每个人都会这样醒来，但必然有人先醒来。无法期望所有人都有传承，但总有人愿意为传奇而献身。

这个又大又难的话题，我们会在后面的四章中逐一展开。

第三章：跨代领导力概论

跨代领导力信条练习

	作者的信条	我的信条
1	即使没有物质财富，精神财富仍然可以被传承；而物质财富脱离了精神财富，传承就根本不存在。	
2	将不紧急但重要的传承规划事宜转化成优先去做的重要事宜是跨代领导力的工作重心。	
3	跨代领导力是一种以基业长青为使命的文化觉醒和实践，是追随者缔造领袖的运动。	
4	领导力是一个叫做领袖的人带领大家进入一个未知的新领域。领导力是过程，是领袖影响追随者去实现某一个目的的过程；领导力是关系，是共同的目的将领袖和追随者联系在一起。	
5	家族的长幼次序决定谁是领导，是管理思维，不是领导力。	
6	领导力坐标轴是信心与行为的合一。	
7	代际坐标轴是当下对永恒的绝对顺服。	

第四章

发现目的

眼睛是身体的灯，

所以，如果你的眼睛纯净，

你的全身就光明。*

——

耶稣

* 《马太福音》6:22

财富传承的冰山模型

在2016年，南极的拉森C冰架上出现了上百千米的裂缝，该裂缝在2017年分裂出来一个上海面积大小的冰山，是全球最大的冰山，科学家给它起名叫A68。上海大小的冰山表面只是整个A68的一小部分，它更大的主体都在水面以下。可见的和水下的加在一起，让A68整个重量达到1万亿吨。

无论多大的冰山都会遵循一个规律：只有1/10浮在水面上，另外的9/10在水面以下。这是为什么人们常用"冰山一角"来形容暴露出来的情况其实只是整体的一小部分。

为什么看得见的冰山只有实际冰山大小的十分之一呢？

冰山水面以上的体积和水面以下的体积比是由水与冰的密度决定的。物体要能浮在水面上，水对它的浮力必须大于等于物体自身的重力，而水对物体的浮力则等于物体排开水的重力。由于冰的密度与水的密度比是9:10，所以冰在水里时，只要有9/10的部分在水面以下，它排开水的重力就等于自身的重力了，即浮力等于重力，其余1/10就浮在水面上了。

根据冰山的物理学规律，美国著名心理学家麦克利兰于1973年提出了著名的冰山模型。所谓冰山模型，就是将人员个体素质的不同划分为明显的"冰山以上部分"和深藏的"冰山以下部分"。其中，"冰山以上部分"包括基本知识、基本技能，是外在表现，是容易了解与测量的部分，相对而言也比较容易通过培训来改变和发展。而"冰山以下部分"包括社会角色、自我形象、特质和动机，是人内在的、难以测量的部分。它们不太容易通过外界的影响而得到改变，但却对人员的行为与表现起着关键性的作用。

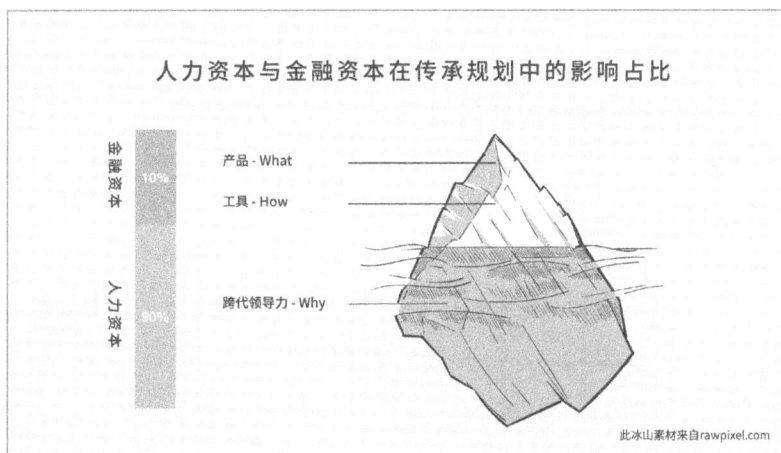

人力资本与金融资本在传承规划中的影响占比

金融资本 10%
人力资本 90%

产品 - What
工具 - How

跨代领导力 - Why

此冰山素材来自rawpixel.com

图 4-1

如**图4-1**所示，财富传承规划也是典型的冰山模型的一种应用。产品（如房子、股权、基金和保险）和工具（如遗嘱、公司、信托、基金会）以及相关的资源、策略和方法，是容易测量、发展和改变的，是表面上的10%，大家都能看到，通过一定的培训都可以提高。财富拥有者的动机管理，是不容易测量的，但对传承规划决策的影响却占到了90%。要想打破富不过三代的魔咒，就是要针对这90%。有目的才有动机，在《发现目的》这一章，我们会集中在跨代领导力的第一象限，即信心和永恒两个坐标组合在一起的"目的"象限。

跨代领导力的世界观

世界观在字典里面的定义，包含了以下三个层面：

1. 一个人用来观察和解释世界的全局视角，这也是为什么在跨代领导力的四个象限中，目的象限的图标是眼睛，这个眼睛代表了世界观。

2. 个人或者群体持有的，对人生和宇宙的信念集合。

3. 我的世界观是我的生活的驱动力。

世界上有数不清的世界观，不管人承认与否，每个人都有世界观，而且世界观在最深的层面决定了我们的动机。正如**图4-2**所示，**从最深处的世界观到信念再到价值观，再到我们的行动，我们的心灵在为我们把关，让我们做我们认为是真的、对的和好的事情。**人的世界观从2岁就开始建立，到青年时期初步成型。要想掌握有利于家族传承的价值观并应用，无论是执业者还是财富家族，都需要预备好接受新的思路，才会有正确的行为改变。

大家还记得我在第一章中提到的做房地产出身的客户吗？他想用一大笔现金给他儿子买一栋价值一个亿的别墅，而他的家人都不同意。在我的客户心中，房地产是永恒的，是真的，是对的，是好的，所以他也不遗余力的向遇到的任何人灌输他对房产的信念，但这个信念对他的儿子和妻子来说也许是一种偏执吧。

我们为什么这样做？

该做什么？
什么是好的？
什么是对的？
什么是真的？
世界观

信念
价值观
行为

图 4-2 世界观

　　我们先抛开房地产是否是永恒的资产选项这个命题（对客户来说是信念）。客户的选择首先是在产品驱动的逻辑之中，他的传承理念是有待更新的，他需要从关注资产转移到关注继承人。他目前根本不在乎继承人想要什么。在这样的冲突基础上，家族传承是不会实现的。因为就算房子是不坏之身，继承者对房子的态度注定了家族裂痕的产生，两代人将背道而驰，最后分崩离析。这个时候，客户需要一个领袖的介入，因为他在产品层面已经是专家了，却需要有人在传承上领他走出误区。这个领袖必须自己去过新的地方，否则他就无法成为引领者，即领袖。所以一个执业者如果想要夯实自己的身份，就必须勇敢的进入新的领域，看清传承的本质，自己先成为传承的信奉者。下面就让我们看看什么是新的领域。

　　世界观按照分析的角度不同，可能有太多的分类方法，如果用跨代领导力四个象限法去看，如**图4-3**所示，主流的世界观分为以下两类。

　　进化论或其他类似的自然论、物质论等世界观是凭着眼见，即肉体的眼光去看这个世界（图上的地球代表全世界或整个宇宙），最后会得出一个结论，只有当下最重要，因为生命是暂时的，"尘归尘、土归

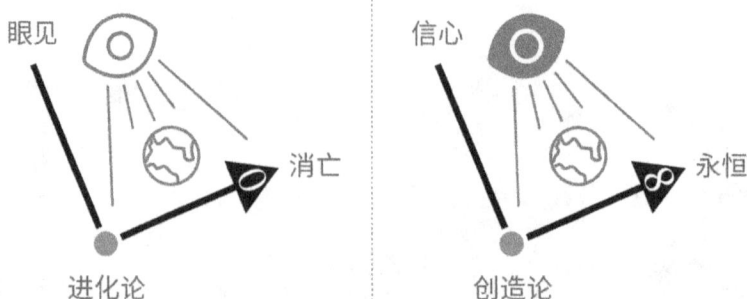

图4-3 两种主流世界观看个人和家族的命运

土"，人死了就什么也没有了。所以在黑色箭头上会看到一个大大的零（0）。博大精深的中文中有一个词叫"寻短见"，表示自杀的意思。短见，指浅薄的见识；眼光短浅。语出《吕氏春秋·长见》"智所以相过，以其长见与短见也。今之与古也，尤古之于后世也。"翻译成现代文就是：**"智慧过人就看他对问题见识的长短。现在和古代的关系，就像古代和未来的关系。"**短见意味着浅薄，但如果以浅薄为目标，走向的就是灭亡之路。古人的这个短语是对我们所有中国人的一个提醒：**短见就是自杀！家族短见就是家族自杀。**看不到永恒价值观的人，永远也不可能进入基业长青的轨道。

创造论或智能设计论是凭着信心去看这个世界，即虽然无法看见，但因为受造之物的神奇和人心灵的奇妙，而相信世界有一个造物主，万物和人类都是受造的一部分。这个造物主会有一个计划，为人类和万物预备了结局。

这两个截然不同世界观的对比，我们可以通过最基本人生哲学提问进行对比，如**表格4-1**所示，基于两种不同的世界观，必然会产生两种不同的人生智慧：进化论必然会特别注重当下、今生的福祉，这也是为什么我们经常在社会上听到有人说，"没办法，都是为了生存"。华人社会非常务实，从古至今，虽然未必用进化论这个说法，但"人生在世，吃穿二事"这种世界观是极其普遍的，即使创造了很多财富的高净值人士也未必逃出这个范畴。

引导一个人思考终极意义问题，可以帮助这个人战胜"过于务实"而造成的短视。华人勤奋务实、温和忍耐，这是我们民族的优点，但在终极意义问题上，却因为系统的刻意练习太少，很容易情不自禁的跟随一些浪漫古人，比如采菊东篱的陶渊明，或者骑牛消失在函谷关的老

表格 4-1　两种主流世界观对比表

世界观	我从那里来？	生活的目的是什么？	我的最终结局是什么？
进化论	人类是物质进化的产物，时间与偶然是推动力，我是最高级的动物。	生存至上，看重自治，以自我为中心。	当肉体消亡，我也消亡。
创造论	有一位造物主创造了我，我是独一无二的，且有创造者本身的形象。	爱至上，看重责任，人生是以造物主为核心的关系。	被造物主接纳，我拥有在关系中的无限生命。

聃，场景浪漫，但几乎和财富传承这样的入世场景风马牛不相及。这一点通过笔者研发的《看见传承》*卡片分类桌游（见**图4-4**），就可以检验出来。《看见传承》让参与者启动右脑，带着"我为什么来到这个世界？"这个问题，选出三张牌，然后在小组里分享。通过多次测试，有两个惊人的发现：

发现一、不管这个人的世界观是进化论还是创造论，几乎所有的人在参照"永恒"去问自己一个终极问题的时候，人的心灵普遍会超越生

---

*详情请参考附录三：《看见传承》卡片分类桌游。

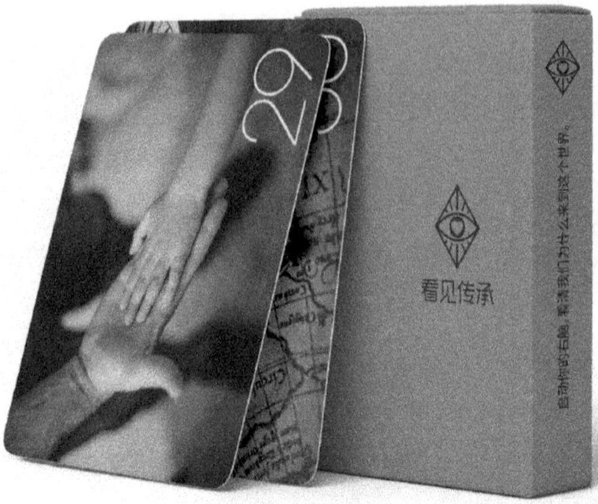

图 4-4 《看见传承》卡片分类桌游

存这个层次，不再局限于吃穿二事上，这很好的佐证了生存至上的进化论思想不符合人的本质，也正说明我们人类之所以为人，是因为**终极意义一直存在于每个人的心中**，需要被激发，一旦激发了，我们就会去寻求，真心寻求的就一定能寻见。

　　发现二、凡是有孩子的，三张牌至少有一张会和孩子有关。有相当高比例的参与者的三张牌会全部和后代有关。这说明，在寻求终极意义的时候，我们会在爱与被爱、接纳与被接纳中找到归宿，这是我们心灵深处的渴望，**我们生命的本质是关系性的（Relational），有爱就有传承，传承必然是一种爱的传递。只有在创造论中，我们才能遇到人的本质。**

　　创造论是正确的家族传承世界观框架，这不是空洞的理论，而是经过上述业务实践得出的实操结论。笔者也诚恳的邀请读者尝试《看见传承》卡片分类桌游，可以和你的同事、你的孩子、你的家人、自己的客户一起玩一下，甚至直接将《看见传承》用于家族会议的破冰。我相信你会同样得出类似的结论。

即使你不能得出这样的结论也不要紧，我仍然邀请你和我一起开放的探讨"跨代传承"和"基业长青"的实用理论和方法。

下一节我们聊点轻松的话题。

5P传奇人生之旅

好莱坞电影《阿甘正传》中，阿甘的妈妈对他说："生活就像一盒巧克力，你永远不知道下一颗是什么味道。"很多精美的巧克力，一盒里面有12块或24块，也许形状不同，但就跟盲盒一样刺激，厂商不会让你知道具体的口味是什么，于是吃起来就有很多惊喜。**生活就是这样，虽然是不确定的，但却是预备好的；乐观的人总是相信自己生命中神奇的转机就埋藏在他平凡而痛苦的日常生活当中，已经预备好了，就在那里等待他去挖掘、去发现。**就像智商低于平均水平的阿甘一样，他不动声色的参与了那个时代的美国历史，在那些比他天赋高出很多的人面前，他反倒成了一个传奇。

像阿甘这样的故事，人们喜闻乐道，比如《好兵帅克》中的帅克*，比如《尘埃落定》中的傻子†。我们喜欢这些故事里面的人物，不是因为他们表面的"愚蠢"，而是正因为不够"聪明"，所以没有失去本真，最终成为传奇。

---

* 捷克小说，主人翁帅克（Švejk）是一个参加了第一次世界大战的奥匈帝国捷克籍普通士兵，他出身市民，看似愚蠢而实际上极富机智并带有痞气。帅克乐观、幽默的态度也使他成为捷克民族的象征。

† 小说描写一个声势显赫的康巴藏族土司，在酒后和汉族太太生了一个傻瓜儿子。这个人人都认定的傻子与现实生活格格不入，但却有超时代的预感和举止，并成为土司制度兴衰的见证人。作品脍炙人口，在2000年获得茅盾文学奖。这是笔者最喜欢的小说之一。

李白说"天生我材必有用"，古希腊的哲人说"认识你自己*"，孔子说"四十不惑，五十而知天命"，即四十岁的时候人生不疑惑，五十岁知道上天给的使命。每个人的一生都有自己独特的道路，这道路本来就存在，只是等待你去发现、去挖掘。但这不是宿命论，因为宿命论定义的最高主宰明显是邪恶的，他在幕后操纵了一切，人的意志无法与之对抗。恰恰相反，创造论中的造物主是有爱的，就像一个无所不在、无所不能、无所不知的父亲，他知道孩子要经历很多人生的风浪，但他对他的孩子有一个蓝图，为孩子预备的是有盼望的未来，他激励孩子去发现他生命的目的。

生命不是一条乏味的直线，我们每个人都可以成为一部精彩的电影。既然我们每个人有不可取代的价值，我们的一生必然有一个关键的使命是为我们预留好的。精彩的人生必然是跌宕起伏的，英文有一个短语，叫ups and downs，用来描述生命的历程非常形象。

面向永恒，怀抱信心去生活的人一生都会经历以下几个关键过程：

P1 应许（Promise）：留意我们的天赋、性情、兴趣、长处和经验。造物主会通过我们的经历和心灵，与我们对话。我们苦苦寻索后，终于有一天会激动的对自己说："我的生命有一种沉甸甸的质量感，正在激励我前行。"这就是应许。之所以叫应许而不是目标，那是因为，**我们来到这个世界不是偶然的，在造物主巨大的蓝图中，我们是一部分，造物主的承诺就是应许。造物主应许我们冠冕的时候，必然会给我们使命。应许是使命的奖赏。**

P2 原则（Principle）：即信仰体系，关于什么是真、对、好，已经是内化到心灵的原则。信仰体系由一系列的信条构成，信条就是无需证据的、不可动摇的信念。信条是我们的习惯，我们的第二本能。原则

---

* 相传是刻在德尔斐的阿波罗神庙的三句箴言之一，希腊语：γνῶθι σεαυτόν，转写：gnōthi seauton。

是被坚守和实践的信条，领导力轴所代表的信心和行为的合一正是原则的一种表达。

P3 问题（Problem）：在这个不完美的世界坚持原则，做对的事情，肯定会遇到障碍、失败甚至死亡，从表面看起来，会妨碍应许的达成。

P4 供应（Provision）：在旷野出现道路，在沙漠开出江河，这些奇迹和突破确认了有一位掌管者，就是全宇宙的造物主，他对坚守他的法度的人伸出援手。

P5 拥有（Possession）：作为一个继承者，完成了最伟大的传承者，即造物主所留下的使命，坚守了原则，战胜了困难，经历了传承者预备的丰富供应，最后来到了终点，就是得到所应许的一切，而且是超过继承者所求所想的。

5P传奇人生之旅中的任何一个P都不能少，虽然我们大家都希望从P1直接到P5，但那是不现实的，那样的故事一点也不美好，无法激发我们的同理心。**好莱坞有一个故事类型叫"小人物遇到大麻烦"，就是主人公有弱点，因为有弱点，必然遇到问题，即大麻烦。有弱点还能克服大麻烦，他必然有神助攻，有神助攻因为他坚守了神圣原则，这就是5个P环环相扣的地方。**

梦工厂出品的动画片《约瑟传说：梦想国王》*是根据《创世纪》37章-50章的故事改编的。一个民族都是从家族开始的，这个故事是一个完美的从家庭到家族的成长样本：从应许（P1）到拥有（P5），跨越了

---

*英语原名：Joseph: King of Dreams，是一部2000年出品的美国动画歌舞剧情片，由梦工厂动画公司制作。

约瑟的5P传奇人生

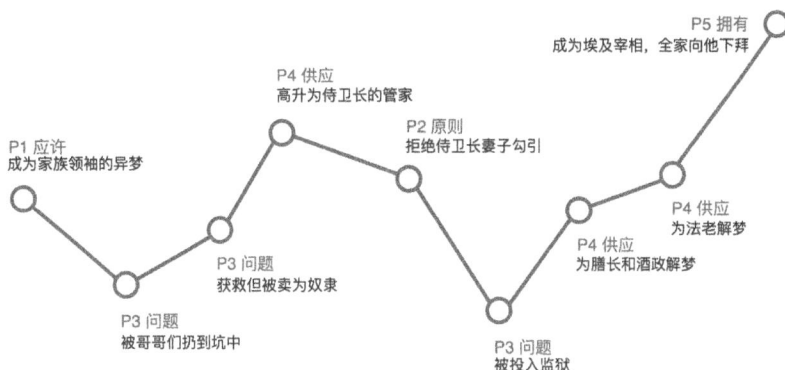

P1 应许
成为家族领袖的异梦

P3 问题
被哥哥们扔到坑中

P3 问题
获救但被卖为奴隶

P4 供应
高升为侍卫长的管家

P2 原则
拒绝侍卫长妻子勾引

P3 问题
被投入监狱

P4 供应
为膳长和酒政解梦

P4 供应
为法老解梦

P5 拥有
成为埃及宰相，全家向他下拜

图 4-5

人生不确定性，战胜了富不过三代的魔咒（故事线索和关键过程请参考**图4-5**）。

以色列人的祖先雅各有一个最宠爱的儿子，叫约瑟。按照辈分说，他是第四代（注意，已经过了三代了），他的曾祖父亚伯拉罕是古代叙利亚到埃及商道上最富有的牲口贩子，曾经打败过当地五个部落的联军。亚伯拉罕得了应许，他的家族必然是一个伟大的家族，祝福其他家族的家族。到了约瑟的父亲雅各这一辈，这个家族也非常富有，但他的儿子们却非常不和睦，尤其仇恨受宠的小儿子约瑟。很显然，雅各家虽然有钱，但却是一个分崩离析的家族。这还不算，后来约瑟做了一个梦，梦见自己会成为一个家族领袖，他的兄弟和父母都会向他下拜。于是愤怒的兄弟们背着父亲雅各袭击了约瑟并把他卖为奴隶。约瑟被卖到埃及之后，靠着他能解梦的天赋先为法老的膳长和酒政解梦，后来又为法老本人成功解梦，法老就任命约瑟做埃及的宰相。那时候，全世界都有了饥荒，他的弟兄后来都来埃及买粮，约瑟不但没有嫉恨他们，反而认了他们，还原谅了所有的兄弟们。后来雅各带着所有的家人就来投奔约瑟，约瑟的梦变为现实了，因为他真的成了家族领袖，他的哥哥甚至他的父亲都向他下拜了。就这样在大饥荒的时代，以色列这个家族不但没有灭亡，反倒全家和睦，并在埃及繁衍为一个强大的民族。

希望读者可以去看一下《约瑟传说：梦想国王》这部豆瓣评分7.3的歌舞动画片，或者读一下《创世纪》里面的故事，相信你对一个家族如何战胜生活的不确定性会有全新的理解。

在约瑟的父亲去世后，曾经出卖约瑟的哥哥们来找约瑟，怕约瑟杀他们。约瑟对他们说："从前你们的意思是要害我，但神（造物主）的意思原是好的，要保全许多人的性命，成就今日的光景。*" 约瑟完全明白，他生命的波折中有一个造物主，那个造物主有一个好的计划，约瑟从得到那个异梦开始，他不以自我为中心，他坚守自己的原则。在侍卫长家做管家，他忠心耿耿；侍卫长的妻子勾引他上床，他本有上位的机会，但他断然拒绝；他被诬陷进了监狱，他没有自杀，没有沉沦，他相信命运必然转机；直到造物主出手将他高升，就跟应许的一样。最后面对他的弟兄们，他选择了原谅，这不是因为他伟大，而是他有一个更宽广的视角，看到**造物主的计划，这个计划波折但不是要害人，而是要让义人走向成熟，他考验人，因为他要让义人成为大族，就像约瑟的曾祖父亚伯拉罕得到的应许一样。**从这个故事中，我们看到代际坐标轴的原理：一个家族或民族是一个完整的宏大叙事，每一代的故事不同，但主题是恒久的，因为造物主是真正的作者。

以色列这个民族在第四代的时候，家族内部面临自私、分裂和仇杀的危机；家族外部面临前所未有的饥荒。表面看起来几乎是万劫不复。但约瑟无疑是一个跑赢5P人生折线的家族领袖，表面上不幸的遭遇让他

---

* 《创世记》50:20

成了家族里最脆弱的一环，命悬一线，但他却靠着对应许（P1）的盼望和对公义品格（P2）的坚持实现了惊人的反转（P5）。

约瑟在饥荒中储粮和卖粮给天下的万族，随着约瑟迁移到埃及的以色列人在埃及繁衍成有几十万人口的大族。约瑟曾祖父亚伯拉罕的梦想完全变成了现实。

如果你家族的祖先有这样的传奇故事，你怎么忍心不续写呢？如果你的家族还没有这样的传奇故事，你怎么知道造物主不是跟你说就在此刻兴起呢？

指导原则到信念

电影《血战钢锯岭》中的男主人公德斯蒙德·杜斯的弟弟哈罗德·杜斯回忆他哥哥的时候，流着热泪说，**"当你走上信念之路时，那不是玩笑，信念决定了你是什么人。"** 人生充满了挑战，我们需要有坚强的信念作为支撑，才会在关键时候作出正确的抉择，才不会抹杀我们天生的身份和目的。

正如我们前文介绍的，德斯蒙德·杜斯的指导原则是"不持枪！"，在这个原则遇到挑战的时候，杜斯将原则上升到信念的层次"不可杀人"。信念本身则成了杜斯的身份和力量。

原则是极其重要的，我们上一节中看到，跑出5P传奇人生的约瑟就是在原则上守得住，最后守得云开见月明。

指导原则是信念实践的集中体现。 英文的原则（Principle）一词来自拉丁文（Principium），是源头和开始的意思。通过原则，我们可以透视自己、他人、组织、民族甚至整个社会的是非观。**指导原则（Guiding Principles）是基于对"自然法"的观察而得到的超验真理（Transcendent Truths）。所谓超验真理就是那些不受时间或空间影响的真理。它们定义了世界，但又不被世界所定义。** 正确的世界观是由超验真理组成的，在我们质疑其他事物是否正确之前，我们先要有我们所相信的事物。在"上帝是美善的"和"没有上帝"这两个论点之间，我们就必须做出一个决断，因为两个结论不可能同时是正确的。

我们可以多举一些指导原则的例子来帮助我们理解它的定义：

- 知足常乐。

- 勤能补拙。

- 授人以鱼不如授人以渔。

- 原谅能让冒犯人的和被冒犯的都得以释放。

- 夫妻同心，其利断金。

- 骄傲使人落后。

- 改变从不嫌迟。

- 爱能战胜一切。

- 人无信不立。

- 帮助他人可以使你更快乐。

我们以上列举的指导原则是一些通用的大家耳熟能详的原则，持守这些原则无疑能给我们的人生带来极大的祝福。

在这些通用原则以外，一个族长可以为自己的家人设立特定的规矩，这些规矩可能和当时的主流文化并不相同，但正是因为这种不同，才让这个家族不会与世界混同，而且可以长盛不衰。这种原则就是家训。

指导原则未必一定是哲学问题或者道德标准，也可以是非常通俗的常识。一个打铁的师傅可能会教给他新来的徒弟"烧红的铁不能摸"；一个母亲可能教要去厨房的女儿"煮饺子飘起来就熟了"；一个领导对继任者可能会教诲他"来说是非者，就是是非人"；一个登山的可能对一个新来的登山驴友说，记住"看山跑死马"；几何课的第一课我们都会学到"两点之间直线最短"。常识和通识是指导原则的智慧仓库，值得人在生活中用心积累。

虽然通识是发现指导原则的重要的途径，但它们需要在世界观的体系中去进行考量。**一个有思想的人会不停的清理自己指导原则的仓库，将和自己价值观不符的原则移除，将对的保留下来，就像禾场上的工人一样，端起簸箕，让风将糠秕吹走，把粮食留下，再收到仓里。**这样的人才能成为精神真正富有的人。而一个照单全收的人会非常悲惨，他的头脑中有很多自相矛盾的原则，他的行动和人际关系肯定是不稳定的。

表格 4-2 不同世界观下的指导原则举例以及各自的影响

问题	进化论信条	影响	创造论信条	影响
夫妻关系	男性出轨是为了繁衍后代；女性出轨是为了寻找更好基因。	婚外情、离婚、家庭破裂。	男人是女人的头，女人是男人的身体，二人合而为一，彼此顺服。	坚贞，忍耐，和睦的家庭关系。
商业道德	无商不奸。	陷入没有信任，无法合作的恶性循环。	诚信是商业的根本。	带来繁荣的商业社会。
慈善	做慈善也是为了挣更多钱。	慈善机构失去公信力。	慈善是出于真实爱心和责任。	更加和谐和有爱心的社会。
大学教育	高文凭，好工作，多挣钱。	学历泛滥，不学无术。	获得服务人的技能和品格。	发明创造，造福人类。
政治	升官是为了发财。	权利争夺，腐败。	服务他人的机会。	职位意味着责任。

比如"人为财死，鸟为食亡[*]"和"生命不胜于饮食吗？身体不胜于衣裳吗？[†]"这两个观点是完全不同的两种世界观。前者是生存至上，将人类比做动物的进化论，后者是带着尊严和理性的创造论。如果放在世界观的角度去看，不同世界观的人会选择不同的指导原则去生活，也会走

---

[*] 小说《官场维新记·第一三回》

[†]《马太福音》6:25

向不同结局。一个相信"人为财死，鸟为食亡"的人很有可能会成为贪腐的官员、没有良心的商人、剽窃论文的教授、毒枭或者人贩子。坚守"生命胜于饮食，身体胜于衣裳"的人可能是一个节俭的人、有理想的人、勤奋的人、自我约束的人。这两个人哪个更有可能长久，哪个更有可能有传承呢？从**表格4-2**中我们可以看到针对同一问题，不同的信条在人心中形成不同的指导原则，人需要去主动的辨识，并有鲜明的立场。所谓的"平常心"是一个最可怕的陷阱，没有经过辨识的通识可能将我们带入深坑。而一个怀着敬畏之心的人，不仅仅需要识破某些"平常心"的错误，更要敢于冲破社会的压力，勇敢的拥抱正确的原则，这一点和第四象限"疆界"更加相关，我们会在第七章《扩张疆界》中详细展开。

座右铭是一个梳理自己指导原则的好方法。你有自己的座右铭吗？你想拥有明确的人生指导原则吗？找到这些原则不难，难的是相信，让原则成为自己的信念。否则原则是原则，我们是我们，原则在书本上，我们在老地方，什么也不会发生。有信念不容易，因为需要行出来，这是我们跨代领导力坐标轴的竖轴，信心与行为的合一。**一个人无论有多少美好的指导原则，除非变成他的第二本能，即信念，否则就不会改变自己和自己的生活，更不会改变周围的人和事。**

家训：水喝出酒的味道

英文禁酒者（Rechabite）这个单词其实是一个家族的名字，即利甲族。这个古老的家族大约在公元前830年设立了家训，距今大约2800年了，为什么一个家族（注意不是一个民族）可以存在这么久呢？原因就是因为有被严格遵守的家训，即明确的特殊的指导原则。

当时的族长是利甲的儿子约拿达，他感于当时社会道德的堕落，立下了这样的家训：不喝酒，也不盖房、撒种和栽种葡萄园。其中不喝酒是最核心的，所以利甲人也被称做"喝水的人"。这个家族的人和古代的以色列人生活在同一个区域，旧约《圣经》一直在记载这个家族的线索，他们成了自诩为上帝选民却不守律法传承的以色列人的镜鉴。利甲族生活简朴，嫉恶如仇，以游牧和打铁为生，游走于各个部族之间。当时的以色列人如果农具或兵器坏了，都要等这群利甲人巡游过来的时候帮他们修理。在风云激荡的中东，在埃及、亚述和巴比伦这些强大野蛮的民族中间，连比他们规模大百倍的犹大王国（以色列分裂后的南国）也岌岌可危，但这个家族却穿行在民族之林的矢石如雨中，如入无人之境，自由的穿梭。在犹大王国将亡的时候，利甲族进入耶路撒冷避难，先知耶利米请他们喝酒，但他们断然拒绝，说："我们不喝酒；因为我们先祖利甲的儿子约拿达曾吩咐我们说：'你们与你们的子孙永不可喝酒。'"根据旧约《圣经》的记载，上帝对以色列的先知耶利米说："所以万军之耶和华－以色列的神如此说：利甲的儿子约拿达必永不缺人侍

图 4-6 利甲独立骑士团的徽章和宣传画

立在我面前。˙ ”于是利甲族约拿达的子孙在上帝那里领了一张家族永续的保证书。

显然利甲族的家训让他们成了小众和少数。这和我们华人文化非常不同，华人的教导倾向于"随众"而不是"出众"，"枪打出头鸟"是永远的警戒。但**真正有力量的家训不是为了让一个家族成为小众和少数，而是让他们在小众和少数的时候，仍然可以站立得住。**

以色列这个民族一直是小众和少数，他们的先祖一直教导自己的后代，我们是小众和少数，但我们有我们自己的信仰，在磨难面前我们要站得住。当利甲族出现在他们即将陷落的京城时，正是以色列人瑟瑟发抖的时候，他们似乎忘记了祖先的教导。

利甲族这个不喝酒只喝水的少数中的少数却泰然自若，虽然他们未来的命运只有上帝、先知和他们自己相信。

˙《耶利米书》35:19

心理学家会告诉我们，一个成熟的人，就是知道自己是谁并按照自己的身份行事的人，这样的人心态健康，能抵抗人生的风暴。这也是著名心理学派意义疗法(Logotherapy)的核心。

先知对利甲族的预言实现了吗？

在今天仍然有很多名人声称他们是利甲族的后裔，他们的规模仍然是那么小，但仍然那么有影响力，利甲族像是上帝为人类留存的一个良心样本，一个家训的样本。更有趣的是，有一个鲜为人知的小众组织，叫利甲独立骑士团（Independent Order of Rechabites，**图4-6**是骑士团在英国的徽章和宣传画）*，成立于1835年，这个组织以宣传禁酒和禁毒为使命。他们在英国设立的对冲基金†，据2004年的统计，拥有超过10万名会员，管理着超过1.15亿英镑的会员资金。这个基金绝不涉及酒精、军火、烟草、赌博和色情产业。利甲族的家训仍然活着，而且在用影响力说话。

利甲独立骑士团总部大楼旧址是一个类似上海诺曼底公寓‡的街角楼，甚至更加窄小，远看像一座塔。有个游客参观后欣喜的说，"这建筑太棒了，在里面喝水的气氛好极了！"

水能喝出酒的味道，这就是家训的陈酿。

---

* https://en.wikipedia.org/wiki/Independent_Order_of_Rechabites

† https://en.wikipedia.org/wiki/Healthy_Investment

‡ 现名武康大楼，位于淮海中路1842-1858号，建于1924年，是一个优雅的街角楼。

核心价值观：门钉与门第

御敌之器到虚荣的装饰

门钉是铆钉的一种。恢宏壮观的故宫大门（见**图4-7**）上，像金色的按钮一样成排镶在朱红门板上的东西，就是门钉。今天的人们可能觉

图 4-7 故宫的大门上的门钉

得那是一种华丽的装饰，就连很多奢侈品的包包上也长满了这样的门钉，但大家不会去深究它们的寓意。但古代的时候，门钉是很严肃的事情。

最早记载门钉的是战国的墨子，他是天下最擅长守城的人，他的门钉叫做"涿弋"*，外形为尖圆形，长约二寸，钉入门板内约一寸，将体形高、重量大、防御强的门扇连成一个整体，再涂上防火材料，可以用来抵挡火攻和撞锤。带门钉的大门专用于宫殿、坛庙、府邸和城垣等建筑上。由于皇家建筑重量大、门也大、需要门钉的路数也多，渐渐的，门钉成了等级的象征。通常皇家竖九路、横九路，亲王七路乘九路，王府七路乘七路，再往下就是五路乘五路。

图 4-8 恭王府的大门

在华人文化中，门渐渐成为社会阶层的代称。权贵之家称"高门"，富裕之家称"豪门"，贫贱之家称"寒门"，读书之家称"书香门第"。"门当户对"这个成语其实大有来头。门当，是中国传统建筑门口的相对而放置的一对石墩或石鼓。在古代，不同等级的家室门当的等级十分森严。户对，是指门楣上面用来固定门框的砖雕或木雕，因为

---

*涿弋读音zhuō yì，涿是地名，弋是木橛。古时城门上嵌装的尖圆形木橛（jué），见《墨子·备城门》。

都是双数，所以叫"户对"。而"户对"的多少与主人家的财势成正比。**图4-8**是恭王府的户对与门当，应该都不是当年的物件，但配上雕龙画凤的门楼仍然可以感受到侯门似海的味道。

我们心中渴望的门第，反映了我们个人和家族的价值观。嫁入豪门，攀上高门，脱离寒门可能是世俗社会的主流选择。但正如门钉从守城的良器变成虚无的炫耀一样，我们决策背后的价值观，可能是短浅的，非但不可传承，甚至直接酿成一生的苦果。

虽然我们大都不会承认自己势利、贪财、无知、怕辛苦，但悬挂在客厅的高言大志未必是我们生活的准则。在遇到拆迁或分家等冲突的时候，人们会意外发现自己的亲人竟然这样不堪，但其实我们自己也未必更好，只是我们没有换位反思罢了。

"平常心"是一个阴险的小偷，他悄悄窃取我们对核心价值观的坚守，怂恿我们顺着泥沙俱下的世界潮流而去。门钉本来的功用就是用来顶住世界潮流的攻击，但如果门钉金玉其外，败絮其中，那么个人的生活和家族的命运必然被平庸吞没。

价值观的定义和普世价值

价值观是我们心中理想的基准，就像指南针或某种设备中内置的GPS，它告诉我们什么好，什么坏；什么是重要，什么次要；渴望什么，厌恶什么。价值观指导我们如何生活与工作。同情、公义、生产力、民主、领导力、诚实、创新都是价值观的例子。价值观给我们目的、意义，并塑造人类的生活。

价值观就像门钉，当我们与我们相信的价值观对齐的时候，我们是满足的，自信的，舒服的；当我们向其他人彰显和我们所宣扬的价值观一致的自我时，我们就会有影响力，当我们的目的和多数人的痛点相交的时候会产生领导力。当我们自己不清楚自己的价值观的时候，行为背离我们的价值观的时候，我们就感觉自己偏离了轨道，正在随波逐流，巨大的门扇就要散掉，人会烦闷或忧虑，甚至陷入很深的精神疾病当中。对于家族和团队来说，就会分裂和消亡。

价值观也有正面和负面的，但基于良心和理性，我们不难在对错中做出选择，这就是普世价值的由来。普世价值（Universal values）泛指那些不分领域，超越宗教、国家、民族，出于人类的良知与理性的价值观念，是人类普遍认可的共同价值。"尊重他人的权利、保障利己的权利、惩戒害人的行径"三项原则是全球公认的普世价值的基本原则。比如"狼性文化"在商业中的应用是建立在"弱肉强食"的进化论基础上的，他背后的价值观是金钱至上。虽然被隐藏在某种学说背后，似乎有合理性，但如果剖析开来，是不符合"尊重他人的权利、保障利己的权利、惩戒害人的行径"三项基本原则的。被某个群体普遍采用的方式，未必就是普世价值。

但我们不要以为普世价值就已经非常高尚，正如罗翔老师说的"法律只是对人们最低的道德要求"一样，普世价值并非价值观的上限，而

是价值观的底线。在底线以上的价值观才会塑造健康的人、健康的家族。

为什么价值观如此重要？

价值观有以下三方面的重要作用。

第一、价值观是我们行为的驱动力。如果我们重视创造力，我们就会花时间去创作，如写作、画画或者做音乐。如果是我们重视公平，就会去追求和法律相关的工作，去做律师或者法官。如果我们重视，我们就会去做，马上做，并多投入最多的时间和精力，甚至牺牲自己。

忙是现代人的特点，我们用忙碌塞满我们的当下，我们发明了无数种任务和时间管理软件，但我们很少从永恒的角度去思考"我们将成为谁"的问题。我们是谁，我们的目的是什么，这个核心的问题被"紧急"这个暴君挡在门外，我们有太多的 To Do 列表，但却没有一个核心价值观，即 To Be 的列表。我们的身体跑得太快，灵魂已经被丢弃在旷野。我们在下一章《培育文化》中会进一步展开如何找回我们失去的真我。笔者开发了一个卡片分类桌游，名字叫《价值密码》，这个工具可以通过非常轻松的方式帮助执业者、家庭、任何人去发现自己的核心价值观、异象和使命。

第二、明确的价值观有利于你的决策。罗伊·迪士尼说，"当你知道你的价值观是什么的时候，决策并不是难事。"我们不得不承认，人生最难的事情不是做，而是做决定。有了价值观，决策者会更加自信、更加坚定，虽然要做的事情可能是极其艰难危险的。去关闭日本福岛核反应堆的敢死队；原谅残忍杀害自己儿子的德国母亲*；变法失败仍然选择留下来被砍头的谭嗣同；泰坦尼克号沉没的时候，演奏到最后一刻的乐队；新冠疫情的时候，将呼吸机让给他人自己死去的意大利神父……难是很难，但有坚定的价值观驱动的人，会有自己明确的人生目的和方向，他们从容前行。

第三、了解自己和他人的价值观，建立坚实连接。我们要打破富不过三代的诅咒，首先要打破沟通的障碍，建立跨代共鸣。没有真实的、有意义的连接，不可能将家庭转化成家族；连接完成之后，个人的目的才变成家族的使命，思想才会转化成行动。发现自己的价值观，才能知道自己是谁；发现他人的价值观，才能知道别人是谁。价值观是一个更稳定的体系，"以财交者，财尽而交绝;以色交者，华落而爱渝"，这样经典的古训是提醒我们，要将关系建立在如磐石般稳固的价值观体系之上，而不是暂时的钱财和情欲之上。

---

* 刘仁文《死刑的温度》，三联书店2014年9月出版。 2000年，四个苏北青年入室抢劫杀死德国人普方，但普方的母亲和家人选择原谅，并请求南京法院不要判死刑。事后普方夫妇的同乡和朋友发起，在南京居住的一些德国人设立了以普方名字命名的基金，用于改变苏北贫困地区儿童上不起学的情况。

了解价值观的三个基本事实

门钉是为了坚固城门，指南针是为了方向。想要过上有目的、有意义的生活并塑造不朽的家族，就必须深刻了解价值观的特性，即以下三个关于价值观的基本事实：

第一、价值观未必都涉及道德。 虽然有很多价值观是和道德相关的，如公义、诚实等，但也有一些价值观是激励类型的，如勇气、原谅等，还有一些价值观是艺术性质的，如美、创造力等，再比如一些价值是关乎效力的，比如领导力和生产力等。**如果我们将价值观和我们的个人道德好恶等同的时候，我们会自觉或不自觉的开始站队和贴标签，进入非黑即白、非左即右的分裂立场。** 一个人不站某些价值观的立场（比如创造力），未必意味着他们错或者恶。

第二、不同的人有不同的核心价值观。 虽然美好的价值观是大家都向往的，但人和人永远都有不同，在普世价值的范畴内，不同的人或者群体只会被部分价值观驱动，而不是全部，这就是核心价值观（我们后面会再展开讨论）。很多时候，在社会中、个人之间、群体之间的冲突都是由于核心价值观不同造成的，比如倾向创造力和独立的人可能与倾向自我控制和生产力的人发生冲突。在这个时候，就需要在冲突以外找到可以彼此认同的价值观和指导原则，在彼此尊重的基础上进行合作，而不是任由冲突发展。夫妻关系、代际关系、公司治理以及社会政治，都是价值观的沟通和管理。

第三、价值观的必要平衡。 如果我们不小心，我们就可能会无限放大一个价值观的作用，而扭曲我们的世界观，变得偏执。这时候那些光荣的价值观就会成为我们的"假神"，成为我们供奉的偶像，让我们去无条件的服从和牺牲。那时公义可能变成复仇；连接可能变成带货；美可能变成自拍；影响力可能变成骚扰。人类的历史告诉我们，任何集体的大规模的邪恶都是以一个光明正大的价值观或原则为幌子的，这个价值观或原则被无限的放大，而没有其他价值观去平衡，最后对人类社会造成极大的伤害。比如生产力是非常重要的，996有利于提高生产力，但却无视健康和尊重；比如恢复公义非常重要的，但在战争中进行大屠杀，就会播下更多仇恨的种子。当我们去践行一个价值观的时候，由于我们人类自身的不完美，一旦良心失守，我们里面隐藏的罪恶就会绑架这个价值观，我们就可能开始做恶，就如公义可能伴随着复仇，艺术可能伴随着放荡。这个时候，我们需要找到平衡的价值观来做防守，比如公义要怜悯的平衡，艺术要尊重的平衡。

核心价值观

在《价值密码》卡片分类游戏中，我们使用44个人类普遍认可并追求的重要价值观。但对于我们个人、家庭或者组织来说，结合我们生活的环境和时代，我们会找到3-5个我们最看重的价值观。这些价值观定义了我们生活的优先次序。

深刻理解自己的核心价值观的人，心态会更加自信，行动会更加果断。尤其是在困难和危险面前，对核心价值观的坚守，是领导力形成的关键。

一个有理想，想要有影响力的人必须清晰的认识到自己的核心价值观。

核心价值观与指导原则

同样作为决策的重要依托，核心价值观和指导原则似乎很相似，但也有非常清晰的区别。指导原则是超验真理，不会随着时间和空间的变化而变化，比如"授人以鱼不如授人以渔"是指导原则。但核心价值观对一个人来说，会随着时间和环境的不同而发生变化。比如一个人年轻的时候，他的核心价值观可能是知识、创新和平等，但在年长的时候，他可能对慷慨、智慧和经验更加重视。价值观，尤其是核心价值观，是个人化的。

正如猫王说的：

"价值观就像指纹，没有两个人的是相同的，但凡你做过的事情上，都有他们的痕迹。"

一个组织、家庭、甚至一群朋友，可以同意一系列的原则，但他们的出发点可能基于非常不同的价值观。

了解人生的指导原则和核心价值观的人，就像一艘船有了指南针也有了舵，他就可以去往任何想去的地方。

价值观与性格

性格是价值观重要的相关因素。持有同样价值观的两个人，会用不同的方式表达和践行他们的价值观。根据迈尔斯-布里格斯性格分类法*，有的人是感知者（Feeler），有人是思考者（Thinker）。如果他们都推崇善良这个价值观，那么他们会用不同的方式来表达。感知者可能会亲自去慰问灾区的难民，而思考者可能会去发起募捐。反之，有同样性格的人可能会有不同的价值观，每个人都是一本打开的书，等待我们去阅读。下一章《培育文化》中，我们会一起发现如何通过有智慧的对话来挖掘和影响人的价值观。

性格给人性带来丰富的品味和偏好。对执业者来说，只了解客户的指导原则和价值观是不够的，还要通过交往来了解他们的个性偏好。对于家族领袖来说也是一样，不同的孩子有不同的性格，需要采取不同的沟通方式。增加对性格的专业理解，可以帮助执业者做好"辅导员"，让有效的关系更快的建立。

"性格决定命运"虽然是一个很流行的思想（指导原则），但笔者认为，这是一个宿命论的论题。如果性格已经决定了命运，那么了解性格并没有太多的用途，因为性格虽然会随着年龄与环境的变化有一定的改变，但一个人生来的性格是一种天生的禀赋。决定我们未来的，是我们对自己和世界的看法，是我们的目的，而目的必然是可以发现的，个人和家族皆然。

---

* https://zh.wikipedia.org/wiki/迈尔斯-布里格斯性格分类法 Myers-Briggs Type Indicator，简称MBTI

第四章：发现目的
跨代领导力信条练习

	作者的信条	我的信条
1	传承规划的冰山模型：不易测量的"动机"占传承规划的90%，易测量的产品和工具占10%。	
2	短见即只关注当下、肉体和物质。短见就是自杀！家族短见就是家族自杀。	
3	5P传奇人生之旅中的P1"应许"告诉我们人生的目的是需要被发现的。	
4	指导原则是基于对"自然法"的观察而得到的超验真理。所谓超验真理就是那些不受时间或空间影响的真理。它们定义了世界，但又不被世界所定义。	
5	正如罗翔老师说的"法律只是对人们最低的道德要求。"一样，普世价值并非价值观的上限，而是价值观的底线。	
6	无限放大一个价值观，会让我们偏执，就如公义可能变成复仇；艺术可能变成放荡。所以，我们需要找到平衡的价值观来做防守，比如公义要配合怜悯，艺术要配合尊重。	
7	真正的有力量的家训不是为了让一个家族成为小众、少数，而是让他在小众和少数的时候，仍然可以站立得住。	

第五章

培育文化

你要保守你心，

胜过保守一切，

因为一生的果效是由心发出。*

———

所罗门

---

* 《箴言》4:23

好土与种子

传承文化是瓶颈

中国私人财富管理行业的历史虽然很短，但从来都不缺乏有勇气的各种尝试。三种驱动，即产品驱动、工具驱动和跨代领导力驱动，前两者实践的人居多，第三种实践者也不是没有。我的观察是，很多行动先驱都意识到传承要想排上高净值家族财富管理的日程表，必须能够有效给出方向并提供激励。我们华人圈中家族信托还不普及，不是因为技术问题，也不是因为产品问题，而是传承意识的不足。尽管别人没有采用跨代领导力这个概念，但至少看到问题本身的人不在少数。

看到问题是一回事，愿意探索解决方法并付诸实践是另外一回事。

传承文化的建立需要时间，无法立竿见影。一旦看到是一件长期的工作，执业者就可能先打退堂鼓了：我需要挣钱养团队和养家，这风险太大了，还是去做产品和工具吧，研发的事情还是等其他人去做吧！

传承文化的建立需要改变，尤其是心灵的改变，这对执业者来说，难处在于不敢去挑战客户的价值观；对于高净值人士来说，由于缺乏这样的领袖去带领，在"我富，故我对"的文化中，根本不会进行内省。总之，水面平静，几乎没有人愿意去投一粒石子。

但我相信如果有方法，即使会花很长时间，执业者也会愿意尝试；即使改变有挑战，高净值人士也未必畏难。问题的关键是，整个市场缺乏可以去遵循的范式。跨代领导力的诞生，就是找到"富不过三代"的死穴，并提供一个点穴的方法。在《发现目的》一章中，我们阐述了个人成长和家族形成的一个关键就是要找到造物主预设的目的，我们讨论了目的中包含的重要概念，即跨代领导力的动机驱动、世界观、应许、原则（包括指导原则和家训）和核心价值观等要素。在《培育文化》这章中，我将带领读者发现如何将"目的"系统的种植到人心之中，从改变心灵开始，去改变世界。

跨代领导力的文化观

文化是常用词，"没文化"和"有文化"是我们经常评判他人的标签，但到底什么是文化呢？我们为何没文化，又怎样才能算有文化呢？

"文化"一词借用自日语，而日语则来自拉丁文，由古罗马哲学家西塞罗第一次使用*，意思是灵魂的培养或耕耘（通过农业来暗喻哲学）。**文化即灵魂的发展，是人类发展的最高境界。**17世纪的德国学者赛缪尔·冯·普芬多夫认为**文化是在"通过巧法†使人类摆脱野蛮，成为完全的人"。**

---

* 拉丁语 "cultura animi"，cultura是培养的意思，animi是灵魂的意思。

† 来自拉丁语artificium。词根意思是工匠之作，意译为神作，奇思妙想，巧法。

文化在汉语中实际是"人文教化"的简称。前提是有"人"才有文化，即文化是讨论人类社会的专属语；"文"是语言和文字，是文化的工具和素材；**"教化"**是这个词的真正重心所在：作为名词是人群精神活动和物质活动的共同规范，**作为动词是共同规范产生、传承、传播及得到认同的过程和手段。**

我们通过汇总西方和东方对文化的定义，结合跨代领导力的视角，文化的本质特征可以总结如下：

1、文化是社会性的，个体的行为没有与更多人的共同目的吻合就没有意义。比如公园里蘸水在地上写毛笔字的大爷，写得再好，也很难称得上文化，如果他没有观众，没有社会性。再比如，中国的家长让孩子学钢琴，孩子学到了十级，也不能算有文化，因为他没有使用的地方，没有让人欣赏的机会。这种社会性的丧失是跨代领导力第一个象限目的缺失造成的，即该活动本身的目的没有和更多人的目的相联系，没有共同目的（No Common Purpose）。钢琴练到十级也没有用，因为应试不是文化。吟风弄月的晦涩诗行没有人喝彩，但余秀华的《穿越大半个中国去睡你》突然流行，是因为我们每个人都有强烈的情感，也可能倍受压抑，余秀华的脑瘫将这种压抑放大了分贝，激起了我们的共鸣。

2、文化是创造性的。文化是与创造者共舞，是灵感，是技巧。正如普芬多夫所说的"巧法"一样都是创造性的意思。正如科学让人类飞上太空，同样，人类通过文化层面的创造，推进心灵的更新。语言和文字是文化的主要材料，诗歌、小说、哲学、电影、音乐都是文化的表现形式。文化的创造属性也验证了创造论的真实，如果真的靠混乱和随机，达芬奇就不需要画一万遍鸡蛋了；**创作需要有一个创作者，正如万**

物**需要有一个造物主一样。**传承规划先要有传承文化，但文化的创造属性不容忽视。很多执业者会带领客户去海外参观，可见我们的执业者多么"恨铁不成钢"，但这种尝试，其实是想通过文化熏陶带来改变，是有益处的。这也是为什么，跨代领导力会开发一系列的桌游，就是通过有创造性的互动，带来人心灵的更新。

3、文化是精神性的，以心灵为核心的。正如西塞罗所说的灵魂的培养或耕耘一样，文化针对的是灵魂。古代以色列的国王所罗门，这个号称最有智慧的人，在他的《箴言》中说："你要保守你心，胜过保守一切，因为一生的果效是由心发出。*" 一个真正有智慧的人，不轻易发怒，因为他重视他的灵魂，重视他的心灵。有

图 5-1

一天一个银行家跟我通话，他总结罗斯柴尔德家族传承的成功经验为"成功的用金融手段在世界各国中藏钱"。教材级家族文化的内核真的只是"藏钱"吗？"藏钱等于传承"可能是很大一部分执业者和财富家族的金科玉律。我的朋友是很坦率的，因为他还补充道："别听这些有钱人对外声称的花哨的东西，都是骗人的。"**图5-1**是罗斯柴尔德家族的族徽，族徽里面是拉丁文的家训：团结、正直、勤奋。试问这三个核心价值观，哪个是关于钱，关于藏钱的？难道这个几百年没有变过的族徽真的只是摆设吗？都是骗人的吗？难道他们从来都不在乎他们的心灵是否和这些价值观对齐吗？这位银行家朋友显然受到了一些没有正确传承思维的大客户的影响，在无限放大"隐私最大化"的工具思维和"增

---

* 《箴言》4:23

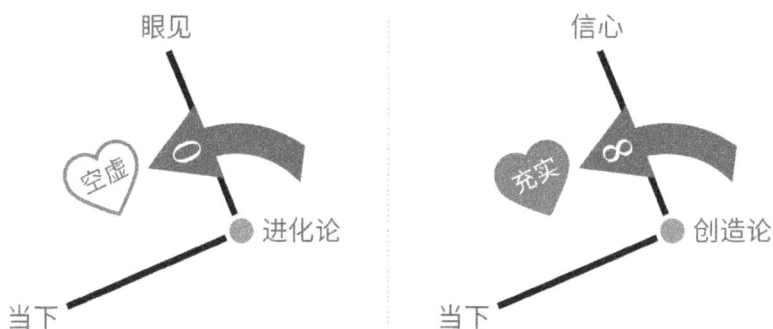

图 5-2　两种主流世界观看家族文化的本质

长最大化"的产品思维，而真实的驱动力是"由心发出的果效"这个基本事实被他忽略了。

让我们把文化的这些特征放在跨代领导力的象限中进行分析（如**图5-2**所示），我们就会发现，基于创造论，我们在第一象限中找到了目的，在第二象限，需要"当下"接受"永恒"的召唤，让心灵被信心和目的充满。但如果是进化论在第一象限中，人生的终章是消灭，那么无意义就会进入心灵，这样的文化是"反文化"的，就像农田弃耕荒芜一样，人性必然进入文化的荒野，空有心的形状，但没有心的实质。

把种子种到好土里

关于文化培育，耶稣有一个最好的比喻：

有一个撒种的出去撒种；撒的时候，有落在路旁的，飞鸟来吃尽了；有落在土浅石头地上的，土既不深，发苗最快，日头出来一晒，因为没有根，就枯干了；有落在荆棘里的，荆棘长起来，把它挤住了；又有落在好土里的，就结实，有一百倍的，有六十倍的，有三十倍的。有耳可听的，就应当听！[*]

种子就是目的，心灵就是土壤。每个人都有机会遇到自己的命定，就像丘吉尔说的"每个人的生命中都有特殊的一刻，此人就是为此而生"。但的确，不是每一个人都会做出应有的反应。

第一类人的心是硬路肩，是拒绝学习的人，不听人的意见、不读书、不采纳任何意见，他会和自己的命定擦肩而过。

第二类人的心是浅土石头地，是无法成长的人，他知道了一点皮毛，根基没有，在太阳出来的时候，就是成长阵痛发生的时候，他的理想就死亡了。

第三类人的心里有很多荆棘，是私欲太重的人，他一切的标准不是真道，而是自己的肚腹，虽然他觉得听到的信息是好的，但他不希望自己在任何事情上吃亏，于是心心念念的志向最后什么也没有发生，就是不会结果子。

---

[*] 《马太福音》13:3-9

第四类人的心是好土，是信心和行为合一的人，是跨代领导力竖轴上下打通的人。这样的人听了道，持守在诚实善良的心里，并愿意委身其中。他打破自己，让种子向下扎根，他顶着烈日，一直成长，直到30倍、60倍，甚至100倍。

培育文化的要义不是去寻找第四类人，摒弃前三类人，而是自己先做信心和行为统一的第四类人，即跨代领导力中那个首先为目的献身的引领者。当启明星出现的时候，日出就不远了。当第四类人出现的时候，前三类人就要醒来了。

撒～种～了，"有耳可听的，就应当听！"

如何叫醒装睡的人？

先叫醒自己

在去叫醒其他人之前，先要保证自己是清醒的。**嗜睡的人无法做守望者**。在文化上做一个警醒的人是文化塑造的第一步，是前提。

电影《盗梦空间》中造梦大师柯布有一个陀螺，电影中叫"图腾"，就是一个"锚"帮助自己区分梦境还是现实，然后自己就可以按照意志行事。对于一部悬疑片，我们不需要去纠结影片结尾陀螺最后是否停止了转动，故事本身的启发是巨大的：要校验人生目的之真伪，你先要确定什么是真的（见**图4-2**世界观），即首先找到灵魂的锚点，然后再采取具体行动。

第一次去原始森林里采蘑菇，如果没有常去的人给你带路，你需要在树林里做好一路的标记，否则迷路几乎是必然的。

如果你跟一个朋友说一件不可思议的好事情，比如中彩票了，他可能会掐一下自己的胳膊，如果有痛觉，他会说"我还真没做梦啊！"。

在跨代领导力第二个象限，即文化象限，是"信心"坐标加上"当下"坐标。当下重要，当下最现实，过去无法更改，未来不可预期，抓住当下最关键。当下要活在现实里面，活在可以达到未来的轨道上，为了知道自己在这个轨道上，我们也需要一个锚点或一系列的锚点。

我们生活中有很多约定俗成的文化规范*，虽然我们未必能够有效的复述，但这些规范提供了一个参考构架，决定了我们如何做决策。文化规范虽然被大众接受，但不等于就是对的或对我们有益的。常见的文化规范兜售的开场白有"平常心"、"人家都这样"、"我们中国人就是这样"等等，一旦我们接受了这样的暗示，说话的人就有可能将错误的结论注入到我们的头脑，而我们自己浑然不觉，最后成了被温水煮熟的青蛙。

如果我们活在一个基础假设都是错误的世界里，一切的推论，无论多么合乎逻辑，都可能是错的。

打破文化规范的束缚，就要脱离错误的参考框架。我总结了以下三步：

1）对自己诚实：是，就说是，不是，就说不是。正如两点间直线最短是一个公理一样，我们要相信，在人生道路上，也有这样的真理，需要我们坦诚的去追求，且相信寻求的必然能够寻找到。诚实意味着持守$2+2=4$†。

2）选择你的价值观：在进化论和创造论之间做一个抉择；在人生是"有可发现的目的"与"没有目的"之间做一个抉择；在完全靠自己和运气，与"和造物主同行"之间做一个抉择。

---

* 文化规范论（The theory of cultural norms）是大众传播理论之一，指大众传播媒介通过媒介信息为公众提供解释社会现象和事实的"参考构架"，从而形成能够影响人们道德和文化的规范力量。最早由美国传播学者梅文尔·德弗勒（Melvin L.Defleur）在1966年提出。他指出，大众传播媒介通过有选择地提供信息或突出报道某些问题，可使公众体会到或了解到什么是社会所赞同或认可的行为规范、信仰和价值，并使之自觉或不自觉地遵守这些规范，采取社会共同的文化规范或准则所认可的行为。这一理论正被越来越多的实践所证实。

† 「二加二等于五」（即$2+2=5$）有时被简洁生动地用于代表一种不合逻辑的阐述，特别是用于代替与逻辑理论相悖的理论阐述。它最先广为人知出于英国著名作家乔治·奥威尔的反乌托邦名著《一九八四》。

3）找到锚点：当眼光（世界观）确定之后，需要在不同的领域里面有确定的锚点。这些锚点就是正确价值观支持的指导原则。比如"现金流原则"告诉我们，量入为出才会产生结余，借钱投资会让人陷入债务危机。我们的流行文化可能告诉我们，用信用卡和杠杆是聪明人的选择，但无数案例证明，那是不明智的。前一种指导原则对应的价值观是"知足"，后一种对应的是"贪婪"。

不停的操练自己，我们就会成为一个清醒的人、有明确的价值观的人、为原则献身的人，就会产生吸引力，就会有人愿意跟从。这就是领导力的秘诀。这个时候，你就可以去思考如何从文化的角度去叫醒他人了。

做苏格拉底吧

伯罗奔尼撒战争终于结束了，苏格拉底回到雅典，因为他的英勇表现，雅典人都将他奉为勇士，但苏格拉底没有继续自己的军旅生涯，而是决定用后半生追寻智慧，因为他觉得自己有太多不知道的东西。

忽然有一天，整个雅典都在流传，日光之下谁是最有智慧的？是苏格拉底！

苏格拉底彻底震惊了，他没有出版过任何著作，没有特别的专业知识，在希腊人中没有地位。

于是困惑的苏格拉底去求问雅典最有智慧的人。

他先去求问最有智慧的政治家，他不停的诘问，然后他发现政治家也很无知。

再去求问最有智慧的诗人，他不停的诘问，然后他发现诗人也很无知。

建筑师、工匠……还有其他的智慧人，苏格拉底一路求问，然后他发现这些人有同样的问题。

雅典人都得了一种病，那就是"知道"的病。那些智慧人在自己知道的地方的确知道不少，但在自己不知道的地方也自以为自己知道。

苏格拉底一下子顿悟了，原来知识不等于智慧，知识的尽头才是智慧的开始。他不是最聪明和最有知识的人，但人觉得他有智慧，原来他和其他人的区别是没有染上"知道"这个病，他的智慧就是他知道自己不知道。

苏格拉底说："教育不是要把容器灌满，而是要把火炬点燃。"

基于诘问的辩证法，是人类思考流程上的巨大进步，整个西方文明的辉煌成就都与苏格拉底反诘法有关，法律、科学和教育的规律在诚实的诘问和思辨中被发现、被确立。

苏格拉底的方法包括讽刺（不断提出问题使对方陷入矛盾之中，并迫使其承认自己的无知）、催生（启发、引导学生，使学生通过自己的思考，得出结论）、归纳和定义（使学生逐步掌握明确的定义和概念）等步骤。由于苏格拉底把教师比喻为"知识的助产士"，因此，"苏格拉底方法"也被人们称为是"催生法"。

下面举一个苏格拉底与欧谛德谟的著名对谈：

苏：虚伪属于正义，还是非正义？

欧：非正义。

苏：偷盗、欺骗、奴役等，属于正义，还是非正义？

欧：非正义。

苏：对于那些极大损害了国家利益的敌人，一个将军惩罚了他们，并对他们加以奴役，属于正义，还是非正义？

欧：正义。

苏：将军偷走了敌兵的财物，或者战斗中欺敌呢？

欧：这当然属于正义，但我是说欺骗朋友是非正义。

苏：一位元帅，因为士兵们士气不振而精神崩溃，他欺骗部下"援军很快到来"以激励士气呢？

欧：应该也是正义吧。

苏：一个生病又不肯服药的孩子，父亲说"药不苦、很好吃"，骗孩子吞了下去，病也好了。属于正义，还是非正义？

欧：正义。

苏：一个发了疯的人，他的朋友怕他自残，偷走了他的刀子与利刃，这属于正义，还是非正义？

欧：是，应属正义。

苏：你不是说，朋友之间不能欺骗吗？

欧：请允许我收回我刚说的话。

无论是一个执业者与财富家族去对话，还是一个族长去和自己家族成员对话，都有一个共性：无法靠组织权威去实现对话，必须用有效的沟通方式去实现影响，这种沟通可以建立在以下范式中：

敬畏真理 - 诘问 - 倾听 - 再诘问 - 继续倾听 - 一直诘问。

《财富探索》是根据以上原理开发的一款工具（见附录二），里面有51个经典问题，这些问题可以用来唤醒自己，也可以用来唤醒他人。

彻底改变灌输的毛病，用苏格拉底反诘法去沟通，从教师的角色，变成一个带领者的角色，让问题成为一个火炬，照亮对谈者自己的心。

装睡的人是为了保护自己，但卸下伪装之后，人的心灵都有机会回到敬畏真理的起点。

人民大学哲学教授周濂在自己的《你永远都无法叫醒一个装睡的人》一书中，对那些以"不就是"与"又怎样"为口头禅的人提出了这样的建议：

人生观和世界观的问题没法用三言两语打发，但至少我们可以从最初级的语言习惯做起，比方说，一个月内禁止自己使用"不就是"和"又怎样"，在"一转念"思考更复杂的问题之前，先诉诸自己最直接的是非善恶感。没准一个月后，他会有所改变。

很显然，作者虽然用否定句为标题，但他并没有放弃去叫醒装睡的人。

叫醒所有装睡的人不可能，但让能醒的先醒来吧。

传承规划3必问

分清How的问题和Why的问题

《财富探索》卡片分类桌游上有51个经典问题，都是团队破冰的好问题，但组织训练的小组长必须明白，我们最终目的不是破冰本身，而是要将人引导到核心问题上来，因为每个学科和技术都有最核心的问题和指导原则，传承规划也不例外。

如果一个人打电话要买机票，卖票的工作人员就要问基本的几个问题：1）从哪里到哪里？ 2）单程还是往返？ 3）什么时候出发，什么时候回来？几个人，他们的信息是什么？能够清晰的问出这些问题的人，是对机票这件事一定非常了解的人。跟卖机票很相似，我们做业务有KYC*模板。但KYC属于专业范畴不是领导力范畴，是客户已经决定了做什么，金融机构为了反洗钱与合规进行的调查。

卖机票（How）的经典问题和旅游规划（Why）的经典问题不同；同样信托公司的KYC（How）和传承规划（Why）的经典问题也不同。

在我2010年开始投身国际家族信托业务的时候，带我入门的导师跟我说，你要和客户坐下来聊信托，你首先要从这两个问题开始。一是人在哪里？二是钱在哪里？这两个问题在2014年之前的潜台词是，如果你人在高税区，你的钱可以放在离岸，并用信托进行深度隔离，实现隐私和节税。这两个问题对业务来说是有一定成效的，但却将家族信托业务

---

* 了解你的客户，Know Your Customer，简称KYC，也称"尽职调查"、"合理审慎"。

降格为税务筹划的一部分。税务筹划是Why，离岸家族信托是How。这样的方法无法触碰到传承规划的内核，用跨代领导力的语汇来说，是工具驱动的误区。

必问一：你人生的目的是什么？

为什么这是第一个问题呢？因为任何规划的问题都是从目的开始的，那些不谈为什么（Why），直接谈如何规划（How）的思路都是耍流氓。当个人明确了人生目的，家族明确了家族目的时，规划的工作就已经完成90%了。

执业者、族长、任何个人，要想有传承，就要先立志。就是要问自己，你来到这个世界走一遭，为了什么？

电影《盗梦空间》中，织梦人柯布因为涉嫌杀了自己的妻子而流亡天涯。日本大亨齐藤要雇佣他，通过织梦植入一个想法，而让竞争对手家族传承失控。柯布的催眠植入思想的做法和我们说的塑造文化有相似之处，即通过"巧法"改变人的思想。当然，柯布的客户齐藤不是为了别人的基业长青，而是为了搞垮对方。柯布不想接单，因为没有把握，但齐藤知道比柯布自己生命都重要的就是他在美国的一双儿女，说你干吧，我帮你达成这个目的（电影镜头截屏见**图5-3**）。电影中柯布的做法是让一个大家族不能传承，是做错事；但我们的目标是让传承发生，让基业长青，我们是在做对的事情，我们应该坚持做，有的时候甚至要放手一搏。

图 5-3

　　柯布回答齐藤的话很具有普遍性，即改变人的想法极其艰难，无论是一个执业者自己改变，还是去改变财富家族；无论是族长自己改变，还是族长去改变家族成员，那都不容易。

　　齐藤激发柯布的话，也非常有道理，如果一个人知道一生中最要实现的东西，即使有困难，你也要问自己："你是愿意放手一搏，还是甘愿成为一个充满遗憾的人，孤独终老？"

最后柯布接受了挑战，他也成功回到美国，见到了自己日思夜想的儿女。

我们太多时候以为人生的战场是在看得见的钱财上，但《盗梦空间》提供了另外一个交战维度：梦想的战场、意义的战场、心思的战场。

没有目的领袖就无法领导，这是为什么首先要问这个问题。为了问好这个问题，我们需要更加深刻的回顾一下目的象限的思路：

第一、我为什么应该有人生的目的呢？

1）目的提供了人生的方向

2）有目的的人生才能有清晰的思考

3）个人的生活才有动力

4）是否有目的决定了人生是否有使命感

第二、我们为什么不去寻找人生的目的？

1）怕失败，因为没有目的，就不会失败

2）思考人生目的太花时间了

3）不理解什么是人生目的

4）不知道如何发现人生目的

第三、我们<u>如何发现</u>人生的目的？

我们可以用第三章《发现目的》中的"5P传奇人生之旅"的原则帮助自己或他人去发现人生目的。但需要切记"三不"：**一不要定睛过去（要定睛未来）、二不要局限于现有资源（有P1应许必有P4供应*）、三不要撇下自己的配偶（夫妻一体指导原则†）。**

如果说基业长青是一场远征，那这个问题一定要问好。没有目的或者目的错误，对出发的人来说都只会是一场灾难。

必问二：多少钱才够？

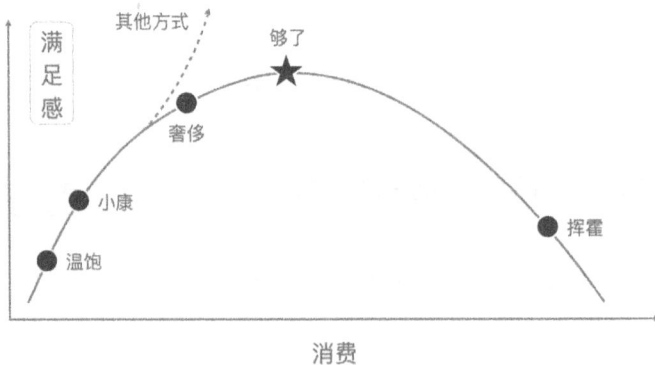

图 5-4 满足感曲线

---

* 参考第三章《发现目的·5P传奇人生之旅》

† 见本章最后一节《可转移概念》

　　问这个问题的基本出发点是，钱是用来实现目的的工具而不是目的本身。以跨代领导力为出发点，工具要为目的服务。钱是工具，要服从个人和家族的目的；这个目的是在领导力范畴内的，必然是钱的主人，个人的和更多人的共同目的；这个目的是代际性的，即"当下"要被约束，要服从和致敬"永恒"。

　　"多少钱才够？"这个问题可以通过满足感曲线*来呈现，如**图5-4**所示，我们很容易看到，随着消费的增长，满足感的边际效应会在"够了"之后一落千丈，当消费水平在"挥霍"这个层次的时候，满足感反倒会跌落到温饱这个层次。但在达到奢侈这个点之前，如果不再依靠提高消费，而是寻找其他的方式提高满足感（见虚线箭头），则不会跌入消费主义的陷阱（是指通过买买买和炫耀来填补空虚心灵的一种心态和生活方式）。

　　如果我们把横轴的"消费"换成其他更加具象的东西，我们就会更加容易理解这个概念，比如在2022年4月的上海你居住的小区被封控，你有一冰箱的可口可乐（见**图5-5**），你就有可乐自由。你每天都喝可乐，但很快，你就不想喝了，这个时候，你需要"其他方式"提高你的快乐，比如将可乐分给邻居。

　　在2019年多伦多市政厅前，有很多中国富二代都开着超跑集会，被称为炫富爱国者。这些青年人的做法体现了他们的父辈和他们的价值观，即"有钱是最重要的"，也反应了中国国内的主流价值观，金钱至上。

---

* 满足感曲线最初来自Your Money or Your Life一书，企鹅出版社，2008。此图根据美国纽约霍夫斯特拉大学让·保罗·罗德里格博士（Dr. Jean-Paul Rodrigue）演讲的演示文稿《全球文化与媒体》，与Your Money or Your Life书中的插图不同的地方，罗德里格博士增加了"其他方式"的概念。

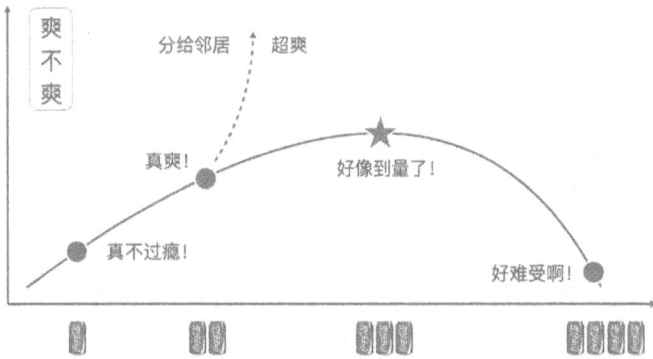

图 5-5 "可乐自由"满足感曲线

克服这样的文化，需要通过问"钱多少才够"的问题，引导人脱离拜金主义的捆绑，发现资金的全面用途，如下面的列表所示：

1、财务自由

2、清理债务

3、慈善捐赠

4、影响力投资

5、创业投资

6、家庭需要

7、生活方式需要

了解钱的多种用途，财富管理规划就会从保值投资还是投机赚大钱的话题进入目的、价值观的话题。这个问题的目的是为了让金钱找到其目的，避免让金钱本身成为目的。

必问三：继承人选好了吗？预备好了吗？

在45岁-65岁的中国高净值客户中，大部分人都只有一个孩子，这让"继承人选好了吗？"这个设问变得有些尴尬，既然只有一个孩子就是没有选择。但我们从"财富传承的四个陷阱"的逻辑来分析，就算客户不存在分掉的风险，但仍然可能面临丢掉、拖掉和花掉的风险。

化解传承的无力感，必须回归到跨代领导力的本质上。如果后代不能在财富之外看到目的，那么领导力就没有真正形成。法定上的继承人不等于合格继承人，只有处于被激励状态的后代才是真正的继承人。

如果是独生子女，而且继承人只选直系血亲，那意味着传承大业是不成功则成仁的赌注。没有子嗣，就一定没有传承吗？答案是否定的。看看诺贝尔奖的设立者诺贝尔先生，他没有子嗣，但他的传承是伟大的，他的继承者跨越时间和空间，诺贝尔几乎是至高荣誉的代名词。从跨代领导力角度来说，你未必从你的直系血亲中培养继承人，因为你的目的是让使命持续与发扬，而不是为了简单的延续自己的姓氏或生物基因。

可转移概念

可转移概念的定义

要想将跨代领导力应用好，你需要了解你自己、问对问题、理解可转移的概念、指导原则并熟练的使用工具。

技术转移（如科技成果）和通用技能的培训（如沟通、解决问题和自我控制）是人类传承智慧结晶的通用方法。家族财富传承作为一个学科的时间虽然比较短暂，但显然这方面的思想成果也需要找到其可以转移的方式，才能广泛传播，尤其是跨代传播。

可转移概念*是指一个想法或一个事物，从一个人到另一个人，从一代到下一代，能够被转移、被理解，其最初的意义没有被稀释，没有被曲解。一个家族、一个民族之所以自成一个体系，有他们自己的血统，就是因为从文化上来说，他们有很多优秀的可转移概念作为传家宝。优秀的家族是读书的，优秀的民族有很多图书馆，因为他们要学习。学不是乱学，而是要继承那些可转移概念。

正是因为可转移概念本身的定义，可转移概念是容易记住的和实用的。对于一个执业者或者在财富传承方面的有心人，都需要将自己认为有价值的这些概念烂熟于心，就像哆啦A梦的百宝箱一样，知道出现什么问题的时候，要拿什么道具出来。

---

* Transferable Concept，邓普顿奖获得者比尔·布赖特（Bill Bright）先生首先提出，罗纳德·布卢信托的罗纳德·布卢（Ronald Blue）先生将其引入到财富传承领域。

吃透可转移概念是一个方法。《跨代领导力》中提及的很多概念都可以视为可转移概念。以下是几个例子：

深渊与深渊响应

当你遇到一个客户，你跟他交谈了15分钟，他跟你说相见恨晚，说明你们心灵共振了。我们需要理解这种共振的发生是因为我们和对方有相同的价值观，尤其是我们基于核心价值观的提问和对话激发了客户对人生终极意义的渴望的时候。这个原理来自可拉后裔的训诲诗"深渊与深渊响应。*"这句箴言说的是造物主的智慧就像极高的瀑布从天而降，两个山峰不会产生共鸣，但两个山谷会。两个谦卑虚心，追寻终极意义的人，就像这两个山谷，一个发出声音，另外一个会有回声。这是两个悟道者的友谊。我们要用"深渊与深渊响应"提醒自己：永远从"为什么"开始！

3T金钱观

钱到底是什么？跨代领导力提供了一个3T金钱观。金钱是工具（Tool）、是检验（Test）、是见证（Testimony）。第一、金钱是工具。金钱可以造福人类，也可以毁灭人生，钱本身是中性的，贪财才是万恶之源，因为贪财的本质就是以金钱本身为人生目的，当人生目的被阻挡之后，各种罪恶就随之而来了。意识到钱是工具，而不是目的，可以帮助我们在财富传承的时候去关注自己到底要实现什么，而不是永远停留在财富增长和不交税这个思路上。第二、金钱是检验。如果我们过不了金钱关，进入目的层面，人一生自诩的很多理想和目标，都只会是空谈而已。第三、金钱是见证。人如何使用自己的财富造福他人和社会，而不是穷奢极欲，会让自己的生活本身成为一个激励他人的故事。这三个T如果都做到了，最终将会塑造个人和家族的跨代领导力，即不被金钱捆绑，而是驾驭金钱，投身永恒的事业。

---

* 《诗篇》42:7 你的瀑布发声，深渊就与深渊响应；你的波浪洪涛漫过我身。

4D传承陷阱

传承规划的基本问题类型，即客户可能遇到的传承失效的四个方向：丢掉（Dump）、分掉（Divide）、拖掉（Delay）、花掉（Dissipate）。详情见第二章《财富传承的四个陷阱》。

5P传奇人生

这一概念用于协助执业者和客户通过回忆过往人生历史发现人生目的。5P包括：应许（Promise）、原则（Principal）、问题（Problem）、供应（Provision）和拥有（Possession）。详情请参考第四章《发现目的》。

3S影响力法则

在代际传承过程中构建家族影响力的基本法则。3S包括：遮蔽（Shade）、分享（Share）、塑造（Shape）。详情请参考第六章《塑造影响》。

夫妻一体原则

在所有的家庭事务中，包括财务管理，本着"人要离开父母，与妻子联合，二人成为一体*"的教导，坚持除非两个人都同意，否则宁可不做的原则。这意味两层意思：第一、夫妻关系优先于夫妻二人与各自父母的关系；第二、夫妻关系优先于和子女的关系。俗语"夫妻同心，其利断金†"说的就是这个原则带来的好处。这个原则也会体现在信托规划中，即夫妻一起做联合委托人（Co-Grantor），享有同样的权力，共进退，互为依靠。在第七章《扩张疆界·必有一战》一节中，格林家族会议的第一轮是在大卫·格林夫妻二人之间进行的，二人达成一致后，才扩大到包括第四代的家族大会。格林家族的治理非常清晰的体现了夫妻一体这一重要原则。

---

* 《创世纪》2:24

† 《周易·系辞上》："二人同心，其利断金。"意思是二人团结一心能发挥更大的作用，如同锋利的剑可以斩断金属。"夫妻同心"或"兄弟同心"是从这句话演变而来。

第五章：培育文化
跨代领导力信条练习

	作者的信条	我的信条
1	文化即灵魂的发展，是人类发展的最高境界，是通过创造性的方法让自身脱离野蛮成为完全人的过程。	
2	文化的3个特性：社会性、创造性、精神性。	
3	"培育文化"的第一使命不是教育别人，而是改变自己，成为信心和行为合一的，新造的人。	
4	苏格拉底："教育不是要把容器灌满，而是要把火炬点燃。"	
5	可转移概念是最好的传家宝。	
6	"深渊与深渊响应"是共鸣的最高境界，是文化突破的彰显。	
7	金钱是工具（Tool）、是检验（Test）、是见证（Testimony）	

第六章

塑造影响

以自我为中心行使权力的方式，

常常会阻碍一个人服侍他人

这一持久的生命意义。

————

弗朗索瓦·范·尼克*

---

* 弗朗索瓦·范·尼克，是门得集团创始人。这句话出自他的自传《商业的荣耀》。

死循环

焚券市义*

战国四公子之首的孟尝君是当时天下最有影响力的人，他的门客就有三千人。但他真正理解什么是影响力，却是在他落魄的时候。

孟尝君有一个要求很高但没有什么贡献的门客，名字叫冯谖（读xuān）。终于有一次冯谖自荐，愿意去孟尝君的封地薛邑收到期的借款。孟尝君嘱咐冯谖收来的借款可以酌情为他买点家里缺少的东西。于是冯谖带上借契就出发了，《战国策》是这样记载的：

冯谖赶着车到了薛邑，派官吏召集应该还债的老百姓都来核对借契。借契全核对过了，冯谖站起来，假托孟尝君的命令，把债款赐给老百姓，随即烧了那些借契。老百姓们欢呼万岁。冯谖一直不停地赶车回到齐国都城，大清早就求见孟尝君。孟尝君对他回得这么快感到奇怪，穿戴整齐来接见他，说："借款收齐了吗？怎么回得这么快呀？"答道："收完了。"问："用它买了什么回来？"冯谖说："您说'看我家所缺少的'，我私自考虑，您宫里堆满了珍宝，猎狗和骏马挤满了牲口圈，美女站满了堂下，您家所缺少的只是'义'罢了。我私自用债款给您买了义。"孟尝君问："买义是怎么回事？"答道："现在您有个小小的薛邑，不把那里的人民看做自己的子女，抚育爱护他们，反而趁机用商人的手段在他们身

上谋取私利。我私自假托您的命令，把债款送给了老百姓，随即烧了那些借契，老百姓高呼万岁，这就是我用来给您买义的方式啊。"孟尝君不高兴，说："好吧，先生到此为止吧！"

过了一年，齐王对孟尝君说："我不敢用先王的臣子作我的臣子。"孟尝君便到他的封地薛邑去。离那里还差一百里路，老百姓就扶老携幼，在路上迎接他。孟尝君回头看着冯谖说："先生给我买义的道理，今天才算见到了。"

当时孟尝君的财富已经是富可敌国了，"宫里堆满了珍宝，猎狗和骏马挤满了牲口圈，美女站满了堂下"，但孟尝君并没有自己的核心价值观，财富和官职是他的影响力和安全感的来源。正因为贪婪——钱越多越好这个思想统治着孟尝君，不知足的他竟然放贷给自己封地的百姓，来挣更多的钱。

冯谖是一个有见识的管家，他清晰的将财富分为物质财富和精神财富，而且他知道他的主人并没有这个思想，于是他非常有智慧的做了这件事情，虽然当时孟尝君觉得自己吃了哑巴亏，但后来终于明白"买义"的道理。

如**表格6-1**所示，在这个典故中，冯谖打造了孟尝君的人设。市义前后的孟尝君在人心目中的形象有本质的不同。

幸福的人生是要寻找快乐，即满足感，孟尝君的珍宝（存款）、骏马（豪车）和美女已经充满了他的宫殿（房子和女人），再多都已经无法提升他的满足感了。但孟尝君不懂满足感曲线，他应该在进入奢侈之前尝试"其他方式"，这个进程不是孟尝君自愿的，但在有领导力的冯谖的"努力"下实现了。当孟尝君落魄的时候，珍宝、骏马和美女没有

表格 6-1　市义前后的人生目的、价值观和领导力对比

	人生目的	核心价值观	领导力
市义前	自我为中心：薛邑的百姓是我的"韭菜"。	金钱至上	没有领导力，只有从职位来的特权和财富带来的虚荣。
市义后	他者为中心：爱百姓如爱自己的子女，抚育爱护他们。	公义、慷慨、宽恕	在职位失去的时候，获得拥戴和追随，领导力实现。

慰藉他的心，曾经的威名一下子烟消云散，带给他满足的竟然是冯谖为他买的"义"。

　　冯谖一战成名，成为战国门客榜的第一名。一个有理想的执业者要学习冯谖，带领客户从没有领导力到有领导力。

真正的精明

　　如果说孟尝君是客户的话，冯谖是幸运的，因为孟尝君虽然不高兴，但并没有迫害冯谖；反过来说，冯谖作为理财师，对孟尝君而言是幸运的，因为有一个人可以看到被人无视的、无形的价值，冯谖申请去收借款，说明他是有心人，他不鸣则已，一鸣惊人，他直接拔出了孟尝君这个高净值客户的病根。

在西方文化中也有一个"焚券市义"的故事，那就是耶稣讲的"不义的管家"[*]的比喻，这两个故事的情节相似，但最终的寓意却大相径庭，让我们一起先来读一下这个比喻：

"有一个财主的管家，别人向他主人告他浪费主人的财物。主人叫他来，对他说：'我听见你这事怎么样呢？把你所经管的交代明白，因你不能再作我的管家。'那管家心里说：'主人辞我，不用我再作管家，我将来做什么？锄地呢？无力；讨饭呢？怕羞。我知道怎么行，好叫人在我不作管家之后，接我到他们家里去。'于是把欠他主人债的，一个一个地叫了来，问头一个说：'你欠我主人多少？'他说：'一百篓油。'管家说：'拿你的账，快坐下，写五十。'又问一个说：'你欠多少？'他说：'一百石麦子。'管家说：'拿你的账，写八十。'主人就夸奖这不义的管家做事聪明；因为今世之子，在世事之上，较比光明之子更加聪明。我又告诉你们，要藉着那不义的钱财结交朋友，到了钱财无用的时候，他们可以接你们到永存的帐幕里去。"

这是一个典型的犹太人的故事，要完全读懂，有必要补充一下他们的社会背景。

根据律法，犹太人不可向弟兄借贷取利，因此，当时的高利贷主可能会在账上写着欠一百石麦子，其实是八十石麦子的本金加上二十石麦子的利息。这种交易在账面上是看不出来的，通常都由管家来运作，就是暗箱操作。这个管家改写账本，可能是免除了利息。主人若是起诉管家，就要承认自己是违反律法的高利贷者；若是闭口不言，就会白吃一个哑巴亏；最好的办法就是顺水推舟、"夸奖这不义的管家做事聪明"，让别人以为是他同意取消了高利贷利息，有助于提高他的声望。

---

[*] 《路加福音》 16:1-9

另外一个细节就是管家处理的借贷物资的数量绝对不是孟尝君放贷给薛邑百姓的量级。一百篓油折合2200升，一百石麦子折合2.2万升，在没有现代物流和人口基数的古代，这么大的数量，借贷者绝对不是自己用的，而是某种批发商，他们必然用这个物资去做其他交易。

在这个比喻里面，在违反了"不可放贷"的律法之下，从主人到管家再到借贷者全部都是违法者，因为违法了，所以他们必须表面一套背地一套做各种无法上台面的交易。主人之所以要解雇管家，不是因为他有公义之心，而是因为管家不仅放高利贷，而且用自己把持内幕交易的便利侵害主人。比如管家可能在借贷者还物资的时候以次充好，或者篡改账本，正如他离职前干的一样。

"不义的管家"揭露了一个完全黑暗的社会体系，几乎让人绝望，而"焚券市义"则在冯谖的斡旋下，出现了一个短暂的温情的缓和，让人们可以暂时忘记整个社会的黑暗。但不要以为"不义的管家"的故事讲述者是一个愤世嫉俗的人，只抱怨不给解决方案，那么就太小看这个故事了。作为一个典型的犹太故事，"精明"才是主题。主人赞赏管家的聪明，因为管家懂得为自己的未来铺路。正如孟尝君赞赏冯谖的精明为孟尝君的未来铺路一样。但到底什么才是真精明的呢？耶稣给出了第三条道路，那就是完全悔改，脱离整个黑暗的体系，进入光明，为自己预备一个可以进入的永恒"帐幕"。孟尝君在齐都受挫后，他被接到薛邑，不义的管家被解雇后，与他合谋的债务人会接待他，但这都是暂时的，当我们在第三象限，即当下和行为组合在一起的时候，我们需要遵循当下顺服永恒的定律，有更加长远的眼光，为自己塑造一个可以永远安然居住的地方，这才是影响力打造的终极版本，这才是终极的精明。

几年前在美国一个慈善峰会上碰到了一位国内来的慈善公益界专家，我们就为什么做影响力投资进行了一番辩论。这位专家说，做慈善公益和影响力投资可以帮助你赚钱。我说做这些事情，是因为责任、爱心，是因为你觉得你应该做，虽然这对继续赚钱有利。她坚定的重复了两遍她的话，我就闭嘴了，似乎我是很虚伪的人，她才是务实和科学的那个人。做慈善公益和影响力投资是为了赚钱恐怕还不如"焚券市义"的动机，这样的专家可能是主流。但我想说，她的境界肯定不如2300年前的冯谖，无非收买人心，继续赚钱而已。

为什么华人的文化千百年来永远是推倒重来，而无法有建设性的传承呢？从这两个故事里，我们可以看到两个不同的文化（**图6-1**），一

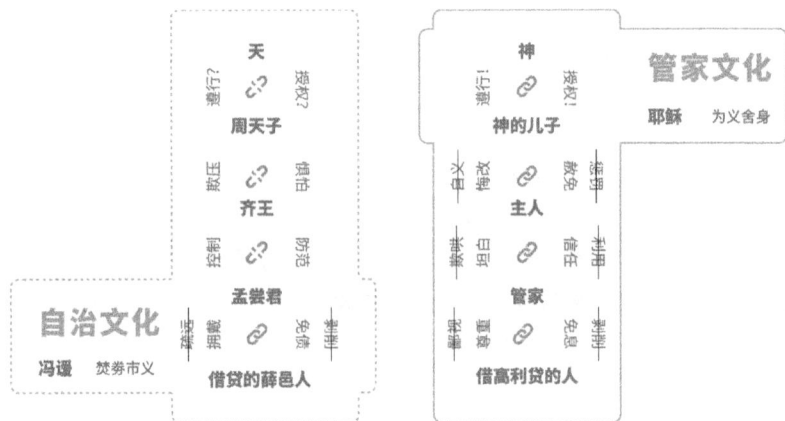

图 6-1 自治文化与管家文化对比图

个是自治（Autonomy）文化，一个是管家（Stewardship）文化，前者是丛林法则，后者是敬畏。自治文化中，人人自危，社会的各个阶层，包括周天子、齐王、孟尝君都不得不彼此防范倾轧。冯谖是一个打破僵局的人，但他所做仍是权宜之计，"义"这个价值观能够在人心中产生共鸣，是好"用"的，但是不是用来"靠"的，义不是冯谖关注的核心，焚券市义是为了巩固孟尝君的地位，一切还是为了自保。从领导力的角度看，冯谖没有将孟尝君转化成新的价值观和目的的追随者，冯谖的局部改革没有形成全社会的文化转变，一个小小的火花，很快就熄灭了，熙来攘往的战国仍然是"利"的天下，"义"仍旧没有让全社会反思。

　　管家文化是西方近现代社会进步的动因之一，这个文化是建立在犹太教与基督教所共有的圣经文化大背景下的。"不义的管家"这个比喻开出的药方很显然是全然悔改，即放弃这个黑暗的体系（冯谖和不义的管家都在这样的体系中）。那将意味着一个系统的改变，故事中的主人曾经是一个虚伪的人，那么他会悔改自己的做法，良心上也会得到一个释放，也不再自责。主人会给管家改过自新的机会，而管家也会承认自己过去的一切过犯，他们重新和解。那些借高利贷的人知道再也不用干肮脏的交易了，也会尊重管家（曾经是鄙视的），管家则放弃做肮脏改账本的事情，可以集中精力去管好主人的资产，这样大家都在阳光下拥有了另外一种生活方式。在这个文化背景下，拥有财富或者资源的人，会把财富看做一种为"至高者"在地上进行的一种管理，而自己则是管家的身份。在"不义的管家"这个比喻中，虽然非常简短，耶稣警告了那些已经觉得自己是在光明中的人，需要为自己预备永恒的居所，需要更多的考虑物质财富向精神财富的转化，要做精明的人，因为连今世之子都知道为自己找好后路，你们知道最好的后路的人，需要采取行动了。

　　美国慈善巨子**安德鲁·卡耐基说，"如果一个富人，在去世的时候，他还很富有，那就是他的耻辱。"**这话如果说给孟尝君，他会怎样想呢？

　　在价值观不能当饭吃的文化中，只能产生权力的依附者和金钱的倾慕者，但无法产生崇高意义的跟从者。这样的社会不会产生伟大的创新、自由和文化。

　　真正的"精明"必须超越冯谖和不义管家的水平，让自己的家族企业和家族财富和"永恒"的价值观与目的对齐，让永恒的帐幕取代临时的薛邑和同谋者的款待。我们这一代的华人必须更加自省，脱离自治文化，开始拥抱管家文化。

打破死循环

如果焚券市义是华人财富观的上限，那么华人就永远无法走出创富后影响力消灭，以至于家族消亡的死循环。

为什么这么说呢？我们不妨去看一个我们可能都鄙视的一种生活方式。贫苦的西北荒原，有人问一个少年放羊倌，你放羊是为了什么？羊倌说卖钱。又问卖了钱干什么？卖了钱娶媳妇。娶媳妇为了什么？生娃。生了娃干什么？放羊。放羊倌的生活是一个循环，这个循环没有盼望，完全没有"诗和远方"，但我们仔细想一下，一个生活在中国一线城市的人，体面的工作和放羊相同，住大房子、娶媳妇、生孩子，然后再做更体面的工作……如此循环而已。

如**图6-2**所示，一个社会在"义"的问题上，可以被分为三个层次：

第一个层次是懵懵忘义，就是放羊倌群体的状态，由于生存的巨大压力，已经无法相信这个世界上还有"义"这个东西，物质已经绝对的统治了人的心灵，心灵已经无法让任何有尊严的价值观进入了。我曾在非洲莫桑比克的"喜乐村*"做志愿者，在与当地人交流的过程中，我了解到，非洲的社会现实远远比放羊倌的世界更加残酷和不稳定。因为即使有好的土地，人们也不会去种植，因为你种植了别人就会来偷，最后大家都偷，都乞讨。这样的一个社会停止了成长，这样的人是没有积极影响力的，"义"在他们当中恒定的缺少，如果没有外来的干预，几乎永远没有变化的可能。

---

*Village of Joy，位于莫桑比克共和国奔巴岛

图 6-2　义的三个层次

第二个层次是市义求存，不仅仅是华人社会有这个问题，凡是对人类文明的核心贡献少的族群，都可能只停留在这个层次上。比如说，中国社会的"随礼"文化，表面看起来很慷慨，别人结婚，少则几百，多则成千上万，但赠送的人是有目的的，是为了自己家的孩子结婚的时候能够赚回来，并且是为了让自己有面子，这就是明显的"内卷"了。冯谖的做法更加高明，因为薛邑的人并不能用金钱回报孟尝君，所以**冯谖把孟尝君多余的钱财买了"义"，在薛邑百姓的心中种下了感激。高明归高明，但仍然是死循环，因为在更广阔的层面，利己仍然是主旋律，虽然看起来更加精致。**

第三层是舍身取义。儒家文化为核心的华人文化，虽然也鼓励"仁爱"和杀身成仁，却无法看到更加终极的"救主"。"人皆可为尧舜'"是一个必然崩塌的假设。在崩塌之后，必然回到"生存至上"或"精致利己"的死循环。相反建立在"创造论"基础上的价值循环体系是，创造主本身是救赎主。所有的人，无论什么阶层，都需要悔改，并以财富和行为为载体，体现自己悔改的真实。这样放在一个人手中的资源，就成了"行善"的工具、"结友"的工具，因为最终的报偿者，无论是今生还是在永恒里，都是在救主那里。所以，财富运用的对象往往是那些无法回报的人，即"最小的人"，甚至是根本无法知道你在行善的人。

'出自《孟子》的《告子章句下》

这种对救主负责的态度，表现为对某个价值观彻底负责的态度。这样的人有超然的信心、谦卑的品行和服侍人的热情，他们最终实现的影响力和传承力是无可估量的。

如果一个孤儿院被利己主义思想主导，将有残疾的孤儿用高价卖给收养人，试问，收养人是不是很亏呢？的确是，但从影响力来说，谁的影响力更大呢？孤儿院背离了其自身的托孤使命，其行为所代表的价值观是钱，而吃亏的收养者的行为所代表的则是恩典和慈善。前者没有美名，不可能有影响力；后者则会激励更多努力行善的人。

转换文化，释放影响力

自治文化（低级阶段是自保文化）和管家文化在财富传承规划中会体现出两种截然不同的风格，前者是控制，后者是责任。如**图6-3**所示。

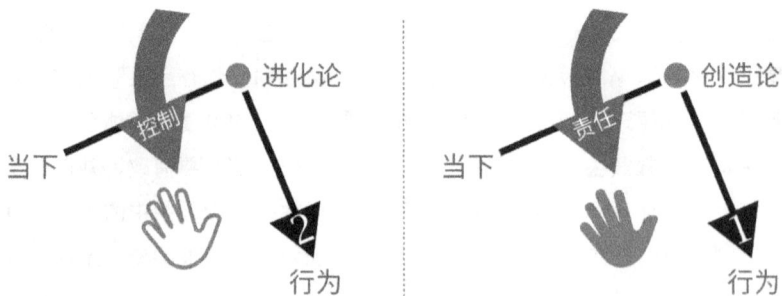

图 6-3 不同世界观看家族传承规划思路

作为一个信托执业者，我必须承认，中国客户主要追求的核心价值是隐私、避税和控制。在前两点有着落之后，控制最大化是目标。这种控制对于财富传承来说，当然是不健康的。**控制越大，意味着后代的参与感就越弱，越不可能对后代产生影响力。**这当然也是前两个象限规划缺失的结果，即没有明确的目的和价值观，当然也不存在传递目的和价值观的文化。

管家文化会催生责任，钱只是一个工具。在满足自己和家人的需求以外，人们会去寻找意义。如果孟尝君有"管家"思维，他就会看到他对薛邑的责任，他的视野就不会局限于他的珍宝、犬马和美人。

门得模式

先1后0还是先0后1

在看到其他国家的大家族可以在财富传承上做得很"感人"的时候，我们会遇到两种情绪。

第一种："不要相信他们的基金会真的是做慈善，其实都是为了避税"，此类人不在少数，这验证了哲学家罗素的"臭鱼理论"，即，如果世界注定是腐臭不堪的，那么卖臭鱼也是一个职业。有这样想法的人有执业者也有客户，大家相信所有的工具都是为了省钱和防范，所有的产品都是为了挣更多的钱，不相信除了钱以外的什么高尚目的存在。

第二种："人家的确做得很好，但我就是做不到"，最后认命说，这个不适合我们中国人。这样的情况反应在执业者中时：很向往推荐客户去做一个更加有目的、有"逼格"的规划，但不知道如何开始。对于一个财富家族来说，心理可能更加微妙，他们会说："哎，我们这点钱，不折腾了。"听起来很谦虚，但我知道，第一客户可能不知道怎么"折腾"；第二钱虽然不少，但还没有多到有安全感，以至于可以去折腾点名堂出来。

钱要多到什么程度的时候，人才能有去"折腾"的安全感呢？答案是永远不会有那样的时候，因为问这个问题的人以"钱多"为安全感。

　　生活在这个世界，我们必然会有一个价值判断，即什么是最有价值的。有人说是健康，那健康是那个1，其他都是0，没有了健康，什么都没有了。有人说亲情是1，有人说爱情是1，有人说事业是1。说是一回事，做是另外一回事，在现实中，太多人会为了多几个0，而牺牲了所有的1。

　　财富传承也是一样，有智慧的领袖，会先在创造论的价值观体系之上"发现目的"，将使命确立起来。有了这样的目的，所有的家族成员，就会将目光从"拥有更多的资产份额或数量"转移到"如何实现自身呼召"的层面。**每个人都有自己的1，家族整体也有一个1，找到这个"一心一意"，即目的和意义，就找到了跨代领导力竖轴箭头里的数字1。1是瞄准的箭头，而财富和资源就是拉满的弓。**

华盛顿的辞职典礼

1783年12月23日，大陆军总司令乔治·华盛顿向大陆议会递交辞呈*，这不仅意味着他将放弃议会赋予的终生总司令职位，也意味着他将离开政坛，返回芒特·弗农庄园，成为一名普通的公民。

托马斯•杰弗逊设计了这个盛大而简洁的辞职仪式。华盛顿将军走进大陆会议厅，在议员的对面，坐在一个普通的座位上。然后由议长作出介绍，华盛顿则要站起来，以鞠躬礼向议员们致敬，而议员则不必鞠躬，只需手触帽檐还礼即可。最后，华盛顿以简短讲话"交权"，议长也以简短讲话表示接受。华盛顿的最后讲话十分简约，一如他平时的朴实谦逊。他说："现在，我已经完成了赋予我的使命，我将退出这个伟大的舞台，并且向庄严的议会告别。在它的命令之下，我奋战已久。我谨在此交出委任并辞去我所有的公职。"议长则答道："你在这块新的土地上捍卫了自由的理念，为受伤害和被压迫的人们树立了典范。你将带着同胞们的祝福退出这个伟大的舞台。但是，你的道德力量并没有随着你的军职一起消失，它将激励子孙后代。"

华盛顿从军是为了美国的独立。他曾经是一个特别想被英国殖民者提拔的军官，但他发现英国人包括国王都是独裁者。他为摆脱独裁者而战斗，现在他有名望和军队，但他不会去做独裁者。华盛顿辞去他的职务，他不再是权力的中心，他从容不迫，因为这一刻恰恰是他所为之奋斗的，即不是自己成为独裁者，而是让代表人民的议会掌权。这里有三个值得我们思考的关键细节：

一、座位。华盛顿没有坐在舞台的中央，而是议长对面的一个普通的位置。

---

* 参考华盛顿的故乡芒特·弗农庄园的官网，https://www.mountvernon.org/library/digitalhistory/digital-encyclopedia/article/resignation-of-military-commission/#3

二、鞠躬。华盛顿给议会鞠躬，是向人民致敬，是手握重兵的权力人物放下自己的权杖。

三、还礼。议员们手触帽檐还礼，只是为了体现一种温文尔雅的绅士风度，但不需要对华盛顿鞠躬还礼。

辞职典礼给我们的启示是，**所谓的传承并不是一个权力的交接，而是一贯信仰的持续，"自由"和"民主"曾经授权给华盛顿为总司令，但当和平降临的时候，他交还权力给议会，这仍是"自由"和"民主"的命令。**

谁是大股东？

美国总统杜鲁门曾说过："如果你不在乎归功于谁，你将无所不能。"华盛顿将军的一生无疑是杜鲁门这一哲学的一个绝佳案例。治国、治家和营商其实都是一样的。南非门得集团的传奇故事[*]对于所有的华人家族和执业者来说都值得认真学习。

门得集团的创始人弗朗索瓦在开始创业的时候，是代理王安电脑的文字处理系统，8个月后，现金流枯竭，弗朗索瓦面临破产的危险。站在客户办公室的楼下，就是里斯本银行大楼的门口，他祷告说，如果上帝可以帮助他，他愿意将自己公司的30%股权赠予给上帝。见了客户之后，他突然有了灵感，对暂时没有很多预算的大客户说："你先临时租我们的软件吧。"客户竟然立刻同意了。1980年9月的一天，弗朗索瓦的生意保住了，并从此走上了汹涌澎湃的发展之旅。今天门得已经成为

---

[*] 《商业的荣耀》，作者弗朗索瓦·范·尼克

跨4个产业、遍及全球5大洲的超级企业集团。在弗朗索瓦的自传《商业的荣耀》中，他强调了自己成功的秘诀就是让上帝成为自己事业的大股东，从而获得了一把神奇的、释放无穷能力的密钥。

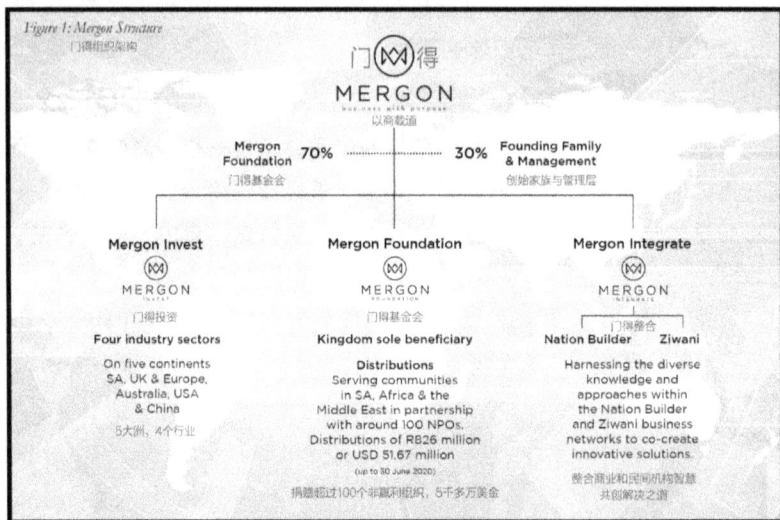

图 6-4　门得组织结构图

如**图6-4**所示，拥有门得70%股份的大股东是门得基金会，而不是创始家族和管理层，这和绝大部分家族的做法迥然不同。门得的这个结构并不意味着他是一个非赢利组织，因为非赢利组织需要募资，但门得投资本身是营利性非常好的商业集团，每年从门得投资固定分配给门得基金会的资金占到总资产管理规模（AUM）的5%以上。门得的各个机构负责人绝大部分都不是创始家族成员，弗朗索瓦本人早就辞去了总裁和CEO的职务，现在作为顾问。门得整合（Mergon Integrate）则通过两个平台，整合民间和商界的资源和智慧，推广CSI（企业社会投资，Corporate Social Investment），帮助公司专业评估社会影响力。

门得的口号是"以商载道（business with purpose）"，门得的方法是让"道（purpose）"成为最有话语权的决策者，这个"道"是弗朗索瓦和他的合伙人所相信的上帝。基金会作为大股东需要代表的是上帝的利益，即在全世界践行基督的爱。在具体的实操中，他们以《圣经》的智慧为蓝本，通过独立的董事会进行运作，一切重大决议都以协商一致为原则。

你可能会说，如何让"目的"成为大股东呢？目的又不是一个人。殊不知，我们开了太多的董事会，都是钱一个人在说话，而且会议室里面往往供奉着一个人形的偶像，就是财神。同样道理，以价值观为本的组织，可以通过有效的组织结构（如信托或基金会），让核心价值观有发言权，是非常可行的。

总有价值观必然支配我们的思想，成为我们决策的方向，关键是我们选择哪一个。

控制的癌症

历史学家太史公马迁在其所著《史记·秦始皇本纪》中记载"天下之事，无大小皆决于上。上至以衡石量书，日夜有呈，不中呈不得休息。"完成一统六国伟业的秦始皇专权独断，认为自己身为古今第一任皇帝，天下行政事务无论大小都应由自己亲自裁决，他甚至用"衡石"（相当于一百二十斤的重量）规定自己每日处理的文书数额，不完成每日定额决不休息。

秦始皇是一个最有传承梦想的人，他自己是始皇帝，认为秦要传千万代，但很不幸，仅传到二世就亡了。说秦始皇是工作狂一点也不为过，读竹简120斤，有好事的人估算了一下，大约4-5万字的奏文，这不是小说，而是充满了问题的公文啊。他之所以这么累，是因为秦朝的郡县制，所有的地方官全部由他直接任免，直接向他报告。

从领导力角度去看秦始皇，他是一个最有权势和最没有领导力的人。秦朝耗尽了举国的力量去控制人民，用"恐怖"去实现治理。残酷的统治使得社会各个阶层，包括地主、知识分子和农民都非常痛恨他，而他却要将自己树立为千古一帝，并痴迷长生不老。秦朝最先进的科技和无数的资源都耗费在为他修建陵墓上了，除了为秦人制造无穷的苦难以外，他对人类文明进步的影响微乎其微。我们在西安博物馆中看到的青铜马车和车顶的千机伞，先进程度令人惊叹，但遗憾的是，这样的技术从没有用于民间。他只关心他自己，他对人民的死活毫不关心。2000多年过去了，作为华人，我不得不说，我见到很多高净值客户跟秦始皇有很多相似之处：

1、喜欢工作或投资，接近工作狂。

2、与后代疏远，缺乏普世价值沟通。

3、企业里面是超级强人，若去世，无人能替代。

4、关注生命科学，希望自己一直年轻，甚至永远活着。

5、羡慕比自己年轻的企业家，希望自己再干30年。

6、对葬在哪里的风水比对留给世界什么更在乎。

7、如果没有钱或权，几乎没有人追随。

一个人希望自己什么都可以控制，一直到自己的阴宅，这并非是华人的特色（看看埃及的金字塔），而是几乎所有以自我为中心的人格的共同点。控制是一种普遍的癌症，当一个人有了一定的成功、财富和权力之后，他觉得这一切都是他自己的努力换来的，他就需要努力保持这种特权，而不是将手中的资源和权力看成一个服务他人的机会和责任。英国前首相本杰明·迪斯雷利（Benjamin Disaeli）似乎深谙正确使用权力的意义，他曾说：

"权力只有一项责任，那就是保护人民的福祉。"

如果一个人需要放弃自己的权力，来提高人民的福祉，他应该欣然去做。他更重要的工作，就是竭尽全力去挖掘下一个也这样思考的人，即在价值观上能对齐的人，一个管家，一个尊重使命的人。门得集团的弗朗索瓦说：

"以自我为中心行使权力的方式，常常会阻碍一个人服侍他人这一持久的生命意义。"

痴迷于控制对公司治理、家族传承或者治理国家都会造成领导力的真空，即无法产生新的领袖。一个伟大的领袖，必然是以使命为核心的让贤专家。

门得集团与门得基金会的成功就是通过放手权力和发现领袖来获得影响力扩大的。弗朗索瓦这样讲述他放弃权力的过程：

我接连放手权力，对整个门得集团以及我自己都有好处，也为门得之后的发展，打好了扎实的基础。我第一次放弃权力，是辞去一个舒适且位高权重的职位，那时我多少有些冲动。这一步，使我走上一条超出我预期的创业之路，也使我有了今天的见证。第二次放弃权力，是辞去英福特的总裁之职，这一步让我在毫无计划之下涉足房地产行业。之后，我又把门得地产的所有行政管理权交给自己的合伙人路易斯·范·德瓦特（Louis van der Watt），后来他带领的阿特伯里集团（Atterbury）公司在国际上展露头角。最后，我辞去门得集团首席执行官的职务，把所有管理权交给彼特·福雷（Pieter Faure）以及他的团队，由他们负责运营管理。他们带领公司坚定而持续地发展。我以后还将进行第五次的权力移交。在门得基金会2018年度董事会的最后一次会议上，我们决定向全世界相关方，提供门得在过去40年中收获的所有相关技术和能力，以便复制门得基金会的模式。这种支持将免费提供给特许的附属机构，一切只是为了激励上帝国度的推进。董事会发布指示后的几周内，我们在一个东部国家建立了第一个"门得"，这表明以这种方式分享我们的经验是有必要的。

金钱和权力是让人上瘾的春药，戒掉它们需要深层次的理念更新。但一旦戒掉，你就会倍觉轻松。权力是为了责任，责任是为了使命，为了让使命的火炬继续传递，有智慧的放弃权力，培养继承人、兴起继承人才是正途。

"山登绝顶我为峰"没有错，但不要忘记你头顶的天空。

3S影响力法则

宠辱偕忘

在我所在的家族信托行业，经常会有人将信托比喻为从坟墓中伸出的手，这场景不用说给二代或三代，就算我自己也实在是觉得有点恐怖。但作为一个行业，主流仍是在鼓吹我们设计的结构如何让客户永远掌权。但这样的表达越来越让我不安，我其实越来越倾向坦率的告诉客户，你要控制一切，这没有问题，但可能会失去培养下一代领袖的机会。

传承规划就是人生规划，跨代领导力就是带领读者脱离以控制为核心的规划思路，进入以责任为核心的规划思路。

巍峨的金字塔里摆放着法老枯干的木乃伊；无声的兵马俑不会为秦王呐喊征战。曾经不可一世的君主，耗尽千万人的血汗和生命，就为了必朽的躯体可以超越死亡。其实死并非一无是处，如果没有死亡，生命就失去了最重要的刻度。**死亡让渴望永恒的人类谦卑，并寻求传承的智慧。**

华人的传统做法是为孩子安排好一切，提供物质、资源和机会。这些做法表面看起来是爱心，但却非常没有智慧。这些做法强调财富和机会，但对后代本身的预备则非常不足。

相信许多人，不管是大人还是孩子，一看到成熟蒲公英的白色小绒球，总会想要摘下它，对着满满一球的种子呼的吹一口气，看着那毛茸茸的种子摇摇摆摆，降落伞一样的飞向天际，我们的烦恼仿佛都跟着种子们飘向了远方。

我们渴望传承，传承总伴随着心灵的释放，无论我们的继承者是自己的子女、还是另外一个传递相同价值异象的陌生人或一群人、甚至一个国家、一个民族。当年范仲淹在岳阳楼上的"宠辱偕忘"也是这样的境界，只可惜，今日的华人眼光日渐短浅，无法有超越自己时代、自己肉身的信心，所以我们需要重新思考范仲淹的"先天下之忧而忧，后天下之乐而乐"的志向。**天下是属于天的，天有情，所以天不老；这是你我的天下，和我们后代的天下，要对我们的造物主有信心，相信我们的一生是他真实的托付，有意义，有方向，否则我们的复兴永远无法走出"饭碗"的格局。**

法则一：遮蔽 Shade

8月，下午三点，骄阳似火，走在茫茫戈壁，这个时候，你看到一棵郁郁葱葱的大树，走过去，就有一阵凉风习习吹来。这就是"大树之下好乘凉"的感觉。

所有的父母都愿意为自己的后代撑起一片这样的树荫，关键是如何做到。我们都知道，一棵长在戈壁里面的大树，还能够在干旱的夏天长满叶子、提供阴凉，是因为它根系非常深，可以从很深的地下汲取水分。

这就是我们说的3S影响力法则的第一个S，Shade，即遮蔽。

让我们一起看一个人类历史上最有钱、最有智慧的国王所罗门怎么看这件事：

智慧和产业（继承的产业）并好，而且见天日的人得智慧更为有益。因为智慧护庇（像树阴一样提供隐蔽，遮蔽）人，好像银钱护庇人一样。惟独智慧能保全智慧人的生命。这就是知识的益处。*

一生从事财富规划的罗纳德·布卢信托的创始人罗纳德先生对所罗门这句话感受颇深，他总结财富传承的重要原则的时候，特别指出智慧原则†，即：

"如果没有传智慧，千万不要传财富。财富永远不会产生智慧，虽然智慧可能产生财富。"

很多有责任感的富裕客户都心急如焚，如何让自己的孩子有正确的金钱观呢？难道是要他们真的去经历一遍自己当初创业的艰辛吗？不给他们钱，或者每逢假期就送去特别辛苦的乡下亲戚家体验生活忆苦思甜吗？很显然，所罗门完全没有把要继承巨大的产业、含着金钥匙降生当做负担，但他却强调了智慧，智慧和继承的巨大产业组合在一起，才是一件美事。智慧塑造人，让人成为智慧人，让智慧内化到人的生命里去才是关键。当具备了这样的智慧之后，钱财固然能够为我们遮风挡雨，但要加上智慧。更重要的是唯有智慧能保全人的生命，钱财很多时候是害命的，正如俗语说的"人为财死，鸟为食亡"。

根深才有叶茂，叶茂才能遮阴。智慧需要向下扎根，向上生长。那智慧到底是什么呢？查尔斯·司布真说：

---

* 传道书 7:11-12

† The Wisdom Principle – Never pass wealth without first passing wisdom. Wealth will never create wisdom, although wisdom may create wealth.

智慧是对知识的正确运用。知者不等于智者。许多人知道很多事情，但都是大傻瓜。没有比知道很多的傻瓜更蠢的傻瓜了。但懂得运用知识就是拥有智慧。

关于传承财富的最重要的指导原则，并不是大部头的金融知识，而是**"记得住，做得来"**的指导原则，就跟跨代领导力的知识体系的其他部分一样。这不是说大部头的金融知识不重要，而是知识和智慧有本质的不同。

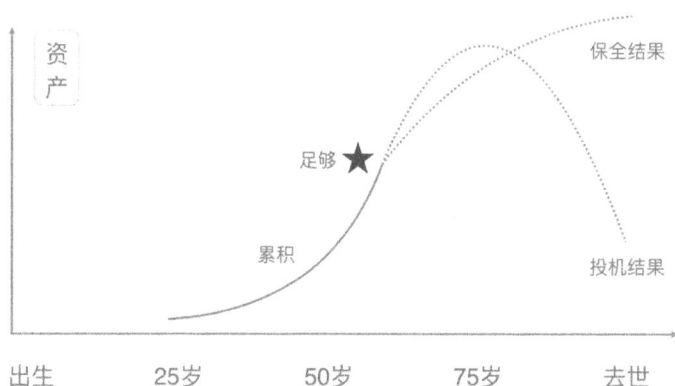

图 6-5　财务决策与财富传承

如**图6-5**所示，让我们在这里复习一下"多少才足够？"这个可转移概念。**这个可转移概念至少包含3个重要的指导原则：**

1）不借贷原则。累积是因为遵循量入为出、不借贷的原则，让自己的财富不断增长。这一点是所有的高净值客户都已经实现的。

2）目的优先原则。"多少足够？"这是最关键的诘问。如果答案是永远都不够，就意味着一生都要为赚更多钱而活着。但如果始终都有终极目的，且目的优先，那么就可以在自己生命力旺盛的岁月里，为永恒的目的谋划了。

3）不投机原则。是保全还是投机？投机的大概率结局是财富剧烈缩水，如果将自己大部分资产进行投机，那么将毁掉自己的人生，甚至落入让子女帮助偿债的悲惨境地。

笔者观察身边40到50岁的中产朋友，发现有一个共同点，那就是由于对"多少足够"的这个点把握得不清楚，然后又将不该投入的比例进行了投机，结果本来可以留给孩子或者养老的资金一下子就灰飞烟灭了。这个问题更是暴露了一个更深层次的问题，那就是大部分人在跨越生存阶段之后，并没有其他的人生目标，以至于特别渴望将不当比例的资产投入到投机里面，最后陷入更深的被动，也就更加不思考人生的目标了。

年轻一代需要认真掌握这些听起来特别朴素的智慧并认真思考，才能像所罗门说的那样"保全自己的生命"。在此基础上，目的才可能被计划并实施，影响力才能发挥出来，个人和家族才会立于不败之地。

法则二：分享 Share

"一个与世隔绝、美丽富饶的海岛上，你是至尊的国王，你拥有岛上所有资源的处置权，岛上居民的幸福都仰赖你如何分配这些资源。请问，你是否需要关于'分享'的智慧？"

曾经与一个美国留学回来的二代一起开会，他妈妈留给他一个"百年企业，百年家族"的家族信托规划作业。二代告诉我，他听过一些讲座，也跟介绍我们认识的女士有过长谈，他总结家族信托就是要"藏钱"。我问他是否完全认可这个观点，他说没想法，我们家庭关系很简单、很和睦，不觉得有什么好规划的。这个绝对财富自由的二代，受过顶级正规教育，在家族传承规划方面却仍然是一张白纸，于是我就给他讲了上面的故事。

二代陷入了深思，并告诉我，他明白了，财富意味着责任，这种责任是天生的、无法回避的。

即使我们的第二代和第三代接受西方顶级的正规教育，华人仍然没有走出以"自治"和"生存"为终极价值观的囚笼。谷爱凌说"一定要为自己而活，因为没人为你而活。[*]"这样的话能够在华人世界广泛流传，说明认可的人是非常多的。

所罗门的《箴言》说："有施散的，却更增添；有吝惜过度的，反致穷乏。[†]"所罗门号称人类历史上最有智慧、最富有的人，他一定是观察了他身边有钱人的起起落落，最后总结发现，那些愿意分享的人财富不减反增，那些悭吝之辈却没有守住钱财。对于古代的以色列人来说，收入且是总收入的一部分必须拿出来奉献，每年收成的十分之一给专门做祭祀的利未支派，每三年的十分之一则留给弱势群体。这种基于信仰的制度性提醒传递到西方社会，促成了捐赠文化的基础。而这样系统性的、有目的性的捐赠在华人的社会则相对陌生。所以我们有必要去温习一下，在捐赠文化发达的社群，是如何看待捐赠的本质的。

---

[*] 英文原句：Live for yourself cose no one is living for you!，视频见哔哩哔哩网站：https://www.bilibili.com/s/video/BV1yu41127PX

[†] 《箴言》11:24

生产 义务 生活

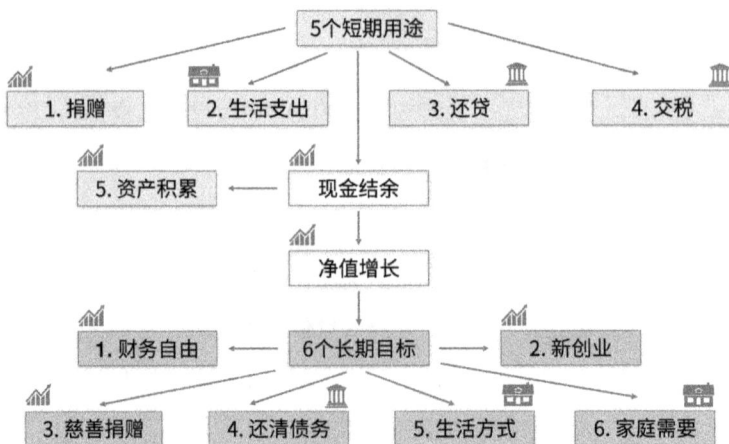

图 6-6 收入的短期用途、长期目标和分类

如**图6-6**所示的《收入的短期用途、长期目标和分类》*中，我们看到，罗纳德先生将捐赠和慈善捐赠都归入到了"生产（Productive）"这个分类，这是为什么呢？捐赠是将收入给出去，是资产的减少，大部分人很容易会把捐赠作为生活支出或者生活方式的一部分来看待，也就是将自己多出来的钱分给有需要的人，满足自己的爱心或同情心，这是一种以自我为中心的满足感。捐赠有情感支持是合理和高尚的，但稳定性会比较差，一些文化常态会侵蚀这种天生的爱心，比如"要是我有一个亿，我也做慈善"或"如果我财务自由了我肯定捐款"。如果这些说法是对的，那么人只有在钱用不完的情况下才去做善事，换言之，这种做法虽然也有爱心，但却是一种施舍心态。让我们通过**表格6-2**来对比一下这两种心态的区别：

施舍和捐赠重合的部分肯定是爱心和同情心这部分，但从理性上来看，捐赠作为一种主动的行为，是以信仰为前提的。捐赠伴随着牺牲，突出

---
* 图表参考罗纳德·布卢信托创始人罗纳德先生的相关讲义制作。

表格 6-2 施舍和捐赠心态上的区别

	现金流	动机	频率	激励目标	价值观
施舍	支出后	怜悯	临时	我消费，我获得满足感	钱比目的重要，钱就是目的
捐赠	支出前	责任	系统	我牺牲，我获得成就感	目的比钱重要，钱只是工具

的是捐赠者的信念，如果捐赠本身是结余之后的一种消遣，那么说明这种捐赠是有条件的。有目的的捐赠是一种生产行为，是因为相信分享财富不会造成贫穷。将财富用于自己本身要去帮助的人，就是意义和价值的获得，是物质财富向精神财富的转化，是对精神财富的认可。

无数的成功人士和伟人的经验都告诉我们，将捐赠作为财富管理的一个必选项是必须的操练。正如英国首相温斯顿·丘吉尔说："我们靠所得谋生，但我们靠给予来创造生活。"

个人的满足感、心理的健康、家族价值观的培养、整个社会的健康文化的形成，都与慈善文化息息相关。

总结一下，有目的的捐赠体现在以下几点：

1、让有计划按照比例的捐赠成为生活方式。

2、可以是税后的，但肯定不是生活支出后剩余的。

3、捐赠的习惯可以打破金钱的捆绑，尽快实现财务自由。

4、帮助个人和家族梳理自己的价值观。

5、如果有债务也可以优先考虑还完债务再捐赠。

公益慈善是一个广阔的世界，无论是执业者还是财富家族，我都邀请你大胆的更新自己的生活方式，通过给予去创造生活。**真正的财富自由不是用更多钱实现某种自治，而是让财富有计划的被用于你和你的家族认为最有意义的事情上。**

法则三：塑造 Shape

一个很低调的80后客户找到我，让我帮他的家族设立家族信托，他开始的时候问了我很多关于遗产税方面的问题，因为一个多亿美金的资产，如果处理不好，可能有4000万以上的赋税。长谈之后，发现客户并不热衷奢侈的生活方式，倒是每年会花较长时间在中美洲的一个小国扶贫。我告诉他信托的设立应该以某一个目的为核心，他的情况可以设置为系统性解决某小国的贫困问题，而不是单纯的避税，好让钱更多。信托的运行机制虽然要涵盖自己和子女的财务安全甚至是财务自由，除此之外，需要明确财富传承的目的，这个目的必然是和影响力的构建相联

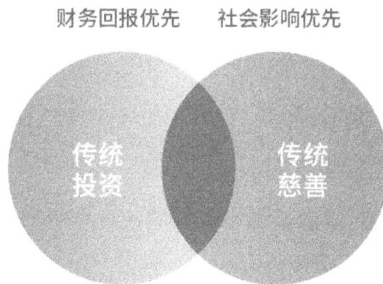

图 6-7　影响力投资模型

系的。客户第一次听到这个思路很是兴奋，他原来的扶贫是一种精神消费，但不包含系统的目的、使命感和责任感。我给他的建议则是一种构造更大影响力从而去重新塑造（shape）世界的思路。

慈善捐赠固然是在塑造世界，但是否可以让传统投资，包括海量的家族财富在投资的同时，就考虑到改变世界呢？近些年兴起的影响力投资就是一个非常有代表性的尝试。前面这个80后客户的信托资产就可以考虑这个思路。

根据《洛克菲勒慈善咨询机构慈善指南》*，影响力投资的定义是对公司、组织和基金的投资，且该投资以获得财务回报的同时产生社会与环境影响为目的。如**图6-7**所示，影响力投资试图在传统投资和传统慈善中间找到一个平衡点：纠正传统投资的财务回报至上，同时补充传统慈善的造血能力缺乏。

笔者的一个老客户多年来一直从事影响力投资，我从他的热情中能够感受到他对"终极目的"的关注，他已经摆脱了"钱生钱再生钱"的沉疴，是一个真正财务自由的人，更是一个有领导力的人，在财富管理行业，笔者就是被他所献身的"目的"深深吸引的人之一。

领导力和管理的核心区别之一是，领导力以"改变"为使命，而管理以"一致性"为使命。如果一个家族信托是从坟墓中伸出的手恐怕不是追求"一致性"那么简单，更有可能是像秦始皇一样的控制欲。所以一个健康的家族信托应该去定义"改变"的使命，从而取得后代甚至全社会的向往和跟随。**追求控制不是健康的传承规划，追求影响力才是。**

核心竞争力创始人普拉哈拉（C.K. Prahalad）说"行善而诸事顺"。影响力投资和社会企业无疑是资本主义检讨自身问题，敢于肩负"塑造"世界责任的试验场，也是关注跨代传承的家族领袖应该重点关注的领域之一。因为无论企业资本还是家族资本要想长久，最终都要从责任和托付的角度去被重新审视。

---

*https://www.rockpa.org/wp-content/uploads/2019/02/II-Introduction_CN-1.pdf

第六章：塑造影响
跨代领导力信条练习

	作者的信条	我的信条
1	自治文化追求控制，管家文化主张责任。	
2	义的三个层次：1）懵懂忘义 2）市义求存 3）舍身取义	
3	"人皆可为尧舜"崩塌之后，必然回到"生存至上"或"精致利己"的死循环；基于敬畏的管家文化才能打破拜金主义，让金钱回归工具属性，用于"行善"和"结友"。	
4	传承规划就是人生规划，跨代领导力就是带领读者脱离以控制为核心的规划思路，进入以责任为核心的规划思路。	
5	门得的口号是"以商载道"，门得的方法是让"道"成为最有话语权的大股东和决策者。	
6	先传智慧再传钱，才能遮蔽子孙。	
7	温斯顿·丘吉尔说："我们靠所得谋生，但我们靠给予来创造生活。"	

第七章

扩张疆界

你求我，

我就将列国赐你为基业，

将地极赐你为田产。*

———

大卫

必有一战

格林的家族会议

2012年，美国最大的工艺品零售商好必来*起诉美国联邦政府†，舆论一片哗然。状告联邦政府总是非常博人眼球，但对好必来的创始人、一向低调的大卫·格林来说，这却是一个艰难的决定，他从来没有想过用这样的方式让自己和自己的公司成为所谓的网红。

起诉前，格林家族开了两次家庭会议，一次是大卫·格林夫妻两个人的小会议，然后是包括家族四代人的家族大会。这是一个典型的两难境地：如果执行联邦政府的法律，提供堕胎药物，就和他们维护生命权（Pro Life‡）的信仰相背离，但作为一家全国性的公司，如果违反这个法律，每天要面临一百万美金的罚款。

"时穷节乃现"，格林家族的两次家庭会议一致决定：维护生命权，发起诉讼！起诉联邦政府不容易，赢得胜诉则更是不确定的事情，而且好必来一旦败诉，代价是无比高昂的，那意味着格林家族苦心经营40年的商业帝国将彻底消失，三万两千名员工将失去工作。显然，这是一个孤注一掷的决定。

---

* Hobby Lobby公司，中文翻译"好必来"。

† 判例名Burwell v. Hobby Lobby Stores, Inc.，更多详情，请参考美国高等法院记录 https://www.supremecourt.gov/opinions/13pdf/13-354_olp1.pdf。

‡ 美国的反堕胎者**维护生命权**，即pro life，主张堕胎合法者**维护选择权**，即Pro choice，详情可以参考维基百科：https://zh.m.wikipedia.org/zh-hk/反堕胎运动

大卫·格林也是有退路的，他完全可以对自己说，我们是一个私人公司，没有办法对抗强大的政府，耸耸肩，抱怨几句，然后继续做自己的生意，埋头赚钱。但显然，他没有选择容易走的路。

正如他后来总结说的："有些时候，对良心的考验大于对钱包的考验。*"

当然，这也是考验一个家族的族长是否有领导力，尤其是跨代领导力的最佳时刻。如果只有大卫一个人愿意走这个方向，而没有其他家族成员的支持，他也很难取得这场令人无比煎熬的诉讼战争的胜利。但格林是一个无比重视价值观培养的家族，在面临生死存亡考验的时候，他们整个家族出奇的团结。出乎大卫的意料，从妻子到儿女全部都支持这个决定，甚至晚辈比长辈还要决断。虽然，这意味着一旦诉讼失败，他们将失去好必来这个价值50亿美金的商业帝国，以及现有的生活方式。

在持续2年的诉讼煎熬和来自社交媒体的无休止的谩骂声中，整个格林家族都在经历一场身心灵的全面战争。

在好必来的商店里，有无数《圣经》格言的相框，人们买回去放在屋子里，成为家庭文化的一部分。于是做相框起家的大卫，在自己总部的门外树立了一个更大的相框-广告牌，上面写着《旧约》先知但以理的话："我们所侍奉的神能将我们救出来。†"这是信仰的告白，也是破釜沉舟的勇敢决定。

2014年，美国最高法院以5票对4票的多数，宣布好必来赢得了诉讼，联邦政府败诉。坚持家族信念的格林家族，为子孙后代和世人树立了一座不朽的丰碑，那就是勇敢。

---

* 《全部给出去》，美国手工艺品连锁店好必来（Hobby Lobby）创始人大卫·格林著。

† 《但以理书》3:17

在《全部给出去》这本书中，大卫·格林总结了他关于财富传承的思考：

很长一段时间以来，我国发生的很多事情都让我困扰。我担心我们正在失去让我们伟大的东西。比如：

- 先辈留给我们的肉眼看不见的遗产。

- 财富不仅仅是金钱。

- 财富只有在家族里面才能找到。

我们必须换角度思考传承问题。**我们会传价值观（values），还是仅仅传有价值的物品（valuables）？我们会将家族强烈的愿景和使命感传下去吗？**

被火试炼的金子才是纯金，经历过考验的信仰才是真的信仰。学习和思考固然可以帮助我们认识世界，好的价值观也可以变成家训写在书里、挂在墙上，但是否能够进入后代的灵魂中，是否能够走向社区和整个社会，是否能够在历史中发光，则需要经历考验和锻造的过程。一个家族的经济实力固然重要，但在价值观方面的影响力却需要一代又一代人的身体力行，用自己的灵魂去书写。

家族疆界的扩张不等同于财务扩张，或家族对某个产业的垄断。当价值观遭遇挑战时，家族经受考验并且站立得住，由此获得的更坚定的信念和更持久的影响力才是扩张。

扩张疆界不是一个可选项，在价值观的世界中，如果我们放弃防守，逆水行舟，不进则退，若干年后，就像大卫·格林对美国文化的感叹一样，"我们正在失去让我们伟大的东西"，一旦这样的趋势形成，早晚有一天，我们也将失去物质的保障甚至身体的自由。就像大卫·格林总结的那样，财富只有在一个又一个家族中找到，家庭和家族作为一个国家和民族的基础单元，家族兴则民族兴。民国的四大家族都是挣钱的高手，但在精神层面却乏善可陈，如果那个世代的大家族都多一些让中国伟大的品格，当时的情况未必那么糟糕。

天下兴亡，匹夫有责。找到你是谁，把该承担的担在肩头。不要等到有一天慨叹说："时代的一粒灰，落在个人头上，就是一座山*"，而我们当初什么也没有做。

---

* 武汉作家方方的《方方日记》

走出蝗虫心态

领导力导师鲍勃·毕节在他的著作《总体规划》*中讲了一个故事。鲍勃请教一个为好莱坞工作的驯兽师，问他说，"你如何用一个栓象宝宝的橛子就拴住了一个十吨重的成年大象呢？" "这很简单。"驯兽师说，"在大象还是象宝宝的时候，我们把他栓在橛子上，它会尝试挣脱，但它做不到，它不停的尝试，但仍然做不到，直到有一天，它开始相信它是挣不脱的。从那一刻起，大象的记忆取代了现实，"无法挣脱"成了它永远的确信。"

跟大象一样，我们人类也有自己的惯性思维，如果一个人小的时候，总被人说"你永远都不会成功"、"你没有任何领导力"或"你长的真丑"，这些负面的结论就像那个拴住小象的橛子，也拴住了我们，在潜意识里，我们开始认同这些结论，并开始给自己的人生设限。

一个民族也是一样，华人这个古老的民族，有过太多无奈的记忆。虽然最近的30年，**我们在物质财富的积累上获得了长足的进步，但在心灵的自由上却总有一个小小的橛子。我们面对自己赚来的钱，除了怯生生的藏起来，自己用用，一旦涉及改变世界的梦想，马上打了退堂鼓，那个看不见的小橛子一直都在。**

一个民族首先是一个家族。犹太人是人类民族的一个特殊样本，他们从家族到民族的成长史封存在《圣经》的记载里，摊开在历史的聚光灯下，不仅如此，他们所有节日，从每周的安息日到每年的逾越节，都是这些历史的回顾。也就是说在以色列认真的生活一年，你就有机会把旧约的历史重温一遍。铭记自己民族怎样来的是非常重要的，这一点，犹太人做到了。犹太历的7月15日（公历的9-10月间）是以色列的住棚节，会持续7天，这个时候犹太人会临时搭建帐篷，而且必须是露天搭建。这样做就是为了纪念以色列这个民族从埃及出来，在到达"应许之

---

* Masterplanning作者Bobb Biehl，1997年出版

地"之前，他们在西奈旷野住帐篷的40年，40年之后，他们才定居在迦南，重新住在房子里。从开罗步行到耶路撒冷，大约是720公里，如果按照学者的说法，他们当时的征程是走40天，也就是每天走18公里，虽然按照我们这些不擅长走路的现代人来说，运动量不小，但对于那个交通靠走的时代，其实不多。但为什么以色列人要走40年呢？

红海在他们面前分开，以色列人脱离了当时世界上最强大的民族-古埃及人的统治，在民族领袖摩西的带领下，一路奔向迦南这个"应许之地"。他们可以说是从奴役走向了自由，加上临行前，埃及人送了他们很多的金银和衣服，他们几十万人虽然走在西奈旷野，但却是一股强大的力量。这个奔赴自己民族命运的一群人是有目的、有方向的，他们也有领袖，他们的领袖摩西在"应许之地"这个目标之上从未动摇。但就在他们要成功的时候，有一件事却暴露了他们心里自我否定的橛子。曾经在埃及的时候，那些奴隶主对他们否定的言语，变成了他们潜意识中自我形象的基础，他们无法拥抱自己的目标，无法拥抱自己作为一个独立的家族和民族的愿景。

领袖摩西从12个支派（12个族长的后代，成了12个支派）中各选了一个人去侦查迦南，大家回来之后，都说那个地方好，物产实在太丰富了，他们竟然看见一串葡萄要两个人抬才行。但同时他们也观察到了，那里不仅仅葡萄大，居民也高大，是巨人，他们觉得自己就像蝗虫一样，而且他们确信那里的人也必然是这样看他们的。当时的以色列民众听到这个消息，没有为流着奶和蜜的"应许之地"而欢呼，而是哭闹着准备回到那个让他们做奴隶的埃及去，因为他们觉得那里至少有吃的，可以活下来。

虽然他们没有回头，但是40天的路程，变成了40年在旷野里面的流浪，他们住在棚子里，就是不敢进入自己的疆界，后退是温饱中的奴役，前进是高大的敌人，中间地带就是流浪。在40年中，他们的心态就是蝗虫心态，不停的否定自己。

　　直到40年后，从埃及出来的那一代人几乎都已去世，新一代以色列人在旷野成长起来时，以色列人才勇敢的渡过约旦河，进入迦南，发起战争，夺取迦南的土地，进而在当地定居下来。而带领他们的领袖是约书亚，是12个探子之一，他和另外一个叫迦勒的人是当时仅有的两个主战派，也是那一代人中仅有的两个活着进入"应许之地"的人。

　　自改革开放以来，很多国人拥有的物质财富已经达到国际标准的高净值水平，这个时间段也大约是40年，这40年也是华人的心理犹豫期。很不客气的说，我聊过的高净值家族，大多并没有脱离"蝗虫心态"，心里的那个小橛子一直都在，容易否定自己，坚决拒绝去思考价值观、意义和使命这样的命题。

　　但值得欣慰的是，在本书的写作过程中，我用跨代领导力的思维方法去和华人高客沟通，惊喜的发现，客户心态发生改变的速度是惊人的。本书写作的很多灵感也来自于和这些客户的对话。

　　当以色列这个民族渡过约旦河，迦南地区城墙最厚的大城耶利哥在他们面前倾覆的时候，以色列这个民族才真正开始成熟。在那一刻，他们才真正明白，**打破蝗虫心态并没有那么难，巨人也没有那么可怕。而"应许之地"也是需要去夺取的。**

　　在我们和命定之间，必有一战。

　　就像以色列人一样，那些哭泣和怀疑的人永远也走不出那个旷野。无论我们带着多少钱，移民到什么样的地方，我们的心灵永远也无法找到真正的归宿。梦里的迦南美地，有两人抬的葡萄串，也有令人生畏的巨人，那又怎样呢？我们还是要进入。

逃避还是挺进？

我在大学刚毕业不久就开始自己创业，那时候，我去跟我的伯父借钱兼讨教。我伯父曾是一个几百人国企的CEO，退休的伯父语重心长的跟我说："人生啊，就是要找到一个最容易的道路，过完这一辈子。"那时的我二十几岁，虽然很不认同，但也没有当面反对，毕竟伯父是我很敬仰的家族前辈。从那以后，在我人生道路上的所有关键时刻，我都思考过他说的话，虽然每次我都没有走他说的那条路。现在我自己已经是不惑之年，再次回想我们的对话，我仍然可以深刻体会到，他朴素的表达是很真诚的。因为一路走来，我知道身边有太多的人都是按照这个人生哲学去生活的。

这让我想起罗伯特·弗罗斯特的著名的哲理诗《未选择的道路》（Road Not Taken）的最后一节：

> I shall be telling this with a sigh,
> 也许多年后，在某个地方，
> Somewhere ages and ages hence:
> 我将轻声叹息，把往事回顾：
> Two roads diverged in a wood, and I--
> 一片树林里分出两条路——
> I took the one less traveled by,
> 而我选择了人迹更少的一条，
> And that has made all the difference.
> 这让一切全然不同。

人生就是选择，怎样选择取决于我们的世界观。是否能传承财富，是否能继续激励后人选择更高、更远、更有意义的目标并继续前进，取决于我们自己怎么看待这个世界，即世界观。

如果我们是进化论的信奉者，时间不再是朋友，而是敌人，在有限的时间中，在自身生命消亡以前，我们的最佳决策可能是今生最大化。如果大卫·格林也是这样的世界观，我想他不会觉得坚守自己的价值观

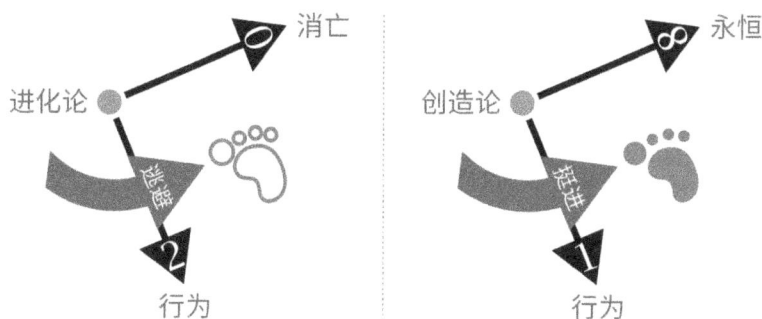

图 7-1　两种不同世界观看家族的扩张

有那么重要，让好必来存在，让自己的子孙可以有钱花不是最合理的选择吗？如果大卫·格林的代际轴指向的是虚无的0，那么他完全可以圆滑一点度过此生，就像我伯父教导我的那样。如**图7-1**所示，进化论的人会有两个自我，就像在图中箭头上标记的是数字是2一样，因为圆滑的人必须进行一些表演。表演的人有两个自己，一个真实的，一个假扮的。这就是我们在上一章说到的精致的利己主义者。作为一个精致利己主义者，无论是面对后代，还是身边的人，心里都清楚，对自己有好处才是根本，那些饱含诚敬的精神价值只不过是门面担当，不会被真正尊重。这样一来，后代和身边的人也不会真正跟从，没有真正跟从的人就不再是领袖，代际传承也就中断了。这也解释了为什么**中国古代的王朝都是简单的重复建设，即在无法温饱的时候，个人和社会奋发努力，然后在取得温饱之后，因为没有核心价值观的建设，所以沦落到为个人私利互相倾轧的境地，然后将文明再次摧毁。**"旧时王谢堂前燕，飞入寻常百姓家"，这是因为曾经的豪门，无非有权有钱，但支撑家族可以在代际轴上持续发挥影响力的价值观体系并没有真正形成。

对于创造论的世界观来说，正是因为我们在世上的时间是有限的，发现自我价值和人生目的人才会用自己的生命来演绎自己所信奉的价值。挺进"应许之地"虽然也有风险，甚至会失去自己已经拥有的物质财富和社会关系，但既然永恒是存在的，那么暂时的得失并不那么重要。这种挺进的态度，是以信心与行为统一为前提的，挺进是对目的的献身，这种献身精神是领导力的前提。有了这样的领导力，代际传承才会发生。

格林是一个有坚定信仰的家族，他们的家族会议展现了惊人的跨代领导力。他们带着破釜沉舟的精神，挺进自己坚守的价值疆界，在决战之后，他们不仅稳住了阵脚，更是开始了扩张。

先要降服

从上面来的

《孟子·告子下》原文：

"舜发于畎亩之中，傅说举于版筑之闲，胶鬲举于鱼盐之中，管夷吾举于士，孙叔敖举于海，百里奚举于市。**故天将降大任于斯人也，必先苦其心志，劳其筋骨，饿其体肤，空乏其身，行拂乱其所为，所以动心忍性，曾益其所不能。**人恒过，然后能改；困于心，衡于虑，而后作；征于色，发于声，而后喻。入则无法家拂士，出则无敌国外患者，国恒亡。然后知生于忧患而死于安乐也。"

《孟子·告子下》现代文翻译：

"舜（受尧的"禅让"而称帝于天下，特别善于识别和使用人才）从田间劳动中成长起来，傅说（商朝中兴重臣）从筑墙的工作中被选拔出来，胶鬲（发音Jiāogé，帮助周武王灭商的功臣）被选拔于鱼盐的买卖之中，管仲（齐国宰相，辅佐齐王春秋称霸）被提拔于囚犯的位置上，孙叔敖（楚国令尹，水利和军事方面贡献极大）从海边被发现，百里奚（秦国大夫，辅佐秦穆公春秋称霸）从市场上被选拔。所以，上天将要**把重大使命降落到某人身上，一定要先使他的意志受到磨练，使他的筋骨受到劳累，使他的身体忍饥挨饿，使他备受穷困之苦，做事总是不能**

顺利。这样来震动他的心志，坚韧他的性情，增长他的才能。人总是要经常犯错误，然后才能改正错误。心气郁结，殚思极虑，然后才能奋发而起；显露在脸色上，表达在声音中，然后才能被人了解。一个国家，内没有守法的大臣和辅佐的贤士，外没有敌对国家的忧患，往往容易亡国。由此可以知道，忧患使人生存，安逸享乐却足以使人败亡。"

2400年前孟子的一番弘论，至今读来仍然让人赞不绝口。孟子的身份是一个谋士，他服务的对象是一个个诸侯国，也可以说是一个个大家族。孟子的使命是将"仁"这个价值观身体力行，让诸侯国的君主成为这个价值观的领袖，从而改变天下诸国。虽然孟子的理想没有完全实现，但中国的历朝历代，多数情况下没有堕落到军政府这样残酷的模式，我们不得不说，孔子、孟子以及他们的弟子是有极大贡献的。

孟子在《告子下》中，列举的都是春秋时期的政治人物，这是因为孟子的舞台是政治，而且这些政治人物都不是诸侯王本身，而是诸侯王身边的重臣。这和财富传承执业者之于财富家族的族长是一个道理。

这篇脍炙人口的领导力雄文主要有两个要点值得我们去学习。**第一、这样的大任是从天上降下来的**，也就是说，无论是执业者还是财富家族的族长，人生的目的是发现的，而不是自己编造的或者随机的；就在那里，是确定的，不是飘忽不定的。**第二、正是由于"大任"是命定的，所以值得苦其心志**，也必然要苦其心志，这个过程是无法避免的。所以一个合格的财富传承执业者首先要做的事情是立志，抓住自己的志向，咬定青山不放松，无论是田间、市场、海边，甚至是监狱，这都是伟大事业开始的地方。

如果你是一个财富家族的族长，你就需要找到孟子说的那样的人做你的参谋。如果你有坚定的价值观要去坚守，大卫·格林遇到的"敌国外患"你也不会缺乏；至于"法家拂士"，你不妨参考孟子的标准，发现一下那些正在"动心忍性"的潜力股。

上帝是公平的，无论是东方还是西方，真理他都会启示到位。英文职业一词是vocation，它的字根是拉丁文vocare，即"召唤"。也就是说，任何工作或职业，无论内容是什么，都是来自上天的召唤。这种**"召唤"印刻在被召者的灵魂里，让被召者身上闪耀着理想的光辉，时代越是黑暗，就越明显。**

在舜被尧发现，或管仲被齐王发现的时候，无论是尧还是齐王，一定是会被舜和管仲所吸引，他们竟然在这样不堪的环境中仰望星空，他们所坚守的价值观，他们的思想是多么的宝贵啊，他们简直就是上天派下来帮助我完成大使命的啊。

改变自己

如果说财富传承的市场是蓝海，那就说明财富家族的传承工作几乎没有开始。蓝海是我们的疆界，是执业者的疆界，也是财富家族的疆界。正如孟子看到战国一样的激动。

vocare在召唤！

但要有一个正确的开始，我们必须小心一个陷阱，也是危害人类最大的毒鸡汤，那就是"跟随你的心灵"。古代以色列的先知耶利米说："人心比万物都诡诈，坏到极处，谁能识透呢？*"华人的"画虎画皮难画骨，知人知面不知心"是提醒我们小心别人的心肠，但很少有人像先

---

* 《耶利米书》17:9

知耶利米这样直率的提醒我们，要小心自己的心灵成为一个误导者。我们的心灵不是本体，而是一个容器，我们需要保守我们的心不受侵害，应该在心灵里面填满美好的东西、有价值的东西，这样就可以相应的输出美好的东西和有价值的东西。所以不要随心，而是要系统的改变和升级自己的心灵。

发现目的和培育文化都是帮助我们找到核心价值观的方法。本书附录中的工具也是一样，会帮助我们有意识的树立核心价值观。既然是核心的，那么就是不可动摇的。

首先，要对核心价值观充满敬畏和珍惜。我们要像一个无比精明的商人，寻找好珠子，遇见一颗重价的珠子，就去变卖他一切所有的，买了这颗珠子。这样的态度是一个前提，适用于执业者，也适用于财富家族成员。

第二、要竭尽全力宣讲自己的核心价值观，沟通自己的核心价值观。用尽一切努力，把最好的、最重要的和你所爱的人分享。既然是你的核心价值观，你自己不去坚持分享，怎么说明你真的在乎呢？

第三、就是要做核心价值观的践行者。要亲自去做，无论大小，自己不做还让别人去实践的人是没有影响力的。

与其说你拥有了核心价值观，不如说是核心价值观拥有了你。也只有这个时候，你的核心价值观才有力量，你才开始真正替你的价值观开疆拓土。

英国伦敦的威斯敏斯特教堂中，安葬着许多名人，包括贵族、诗人、将军、政治家和科学家。牛顿、狄更斯、亨利三世都葬在这里。

在众多的墓志铭中，有一位主教的流传甚广，他说：

当我年轻的时候，我的想象力从没有受过限制，我梦想改变整个世界。

当我成熟以后，我发现我无法改变这个世界，于是我将目光缩短了一些，决定只改变我的国家。

当我进入暮年以后，我发现我也无法改变我的国家，我最后的愿望仅仅是改变一下我的家庭。但是，这也做不到。

当我现在躺在床上，行将就木时，我突然意识到：如果一开始我仅仅去改变自己，然后成为一个榜样，我可能改变我的家庭；在家人的帮助和鼓励下，我可能为国家做一些事情。如果这样，谁知道呢？我甚至可能改变整个世界！

真的，要想撬起世界，它的最佳支点不是整个地球，不是一个国家、一个民族，也不是别人，它的支点只能是自己的心灵。

这段碑文感动了世界上许多人，曼德拉博士也是其中一位，他宣称自己从中找到了改变南非甚至整个世界的金钥匙。这段碑文让原本赞同使用以暴抗暴方式弭平种族歧视鸿沟的黑人青年，改变了自己的思想。曼德拉博士从改变自己、改变家庭和亲朋好友着手，用饶恕和救赎的爱，改变人的心灵和思想。他和马丁路德·金博士一样，发自内心的去爱仇敌以及过往曾迫害他们的人，使得本来会愤怒、仇恨与可能会发生暴力和流血的地方，获得和解与和平。

　　我听过太多的执业者和财富家族成员抱怨没有人听他们的想法，但我们想一下，我们自己听自己的想法了吗？我们是否改变过自己的内心？如果耐心是一个人的核心价值观，而他从来不耐心听他太太的抱怨，试想一下，他这样能让他的太太认可他吗？

　　一屋不扫，何以扫天下？搞定自己的人才能搞定天下，要扩展疆界的人先要搞定自己。

挺进应许之地

特命全权大使

根据汉语词典，"大使*"的意思是一国政府派往另一国政府的最高一级常驻外交代表,全称为"特命全权大使"，由国家元首向另一国元首派遣。主要职责是，代表本国与驻在国交涉、联系；保护本国及侨民的利益；以合法手段了解驻在国的情况；通过各种方式促进两国人民的友谊。大使享有外交特权和豁免。

大使是"特命全权大使"的简称，意味着大使得到了充分的授权，同时也被授权者完全的约束。一个合格的大使不应该为自己宣传，而是要为自己所代表的主权国家去发声。

在生活中，我们听到过爱的大使、和平的大使、自由的大使、艺术的大使等等这些称号。当我们发自内心这样称呼一个人的时候，就好像这个人来自一个叫做爱、叫做和平、叫做自由、叫做艺术的国度，而这个大使必然是完全臣服于爱、和平、自由和艺术的精神之下，不卑不亢，他说的和他做的都完全在表达那个完美的国度的典章和秩序。

大使的工作，听起来很轻松、很光荣。但他称职的前提却是顺服和正直，唯有顺服和正直，才能不辱使命。

---

* https://cd.hwxnet.com/view/nefkadaminieemjo.html

马丁·路德·金是种族平等的大使，种族平等比他的生命重要；大卫·格林家族是尊重生命权的大使，生命权比他的好必来企业帝国重要；乔治·华盛顿是民主和自由的大使，民主和自由比他个人权威更重要。

诚敬的价值观的担子表面看起来很沉重，但背起来其实很轻松，不但轻松，且带有力量。带着诚敬的心态认定自己所要坚持的价值观，百折不回的人，谦卑虚己，但却在改变世界。

折服了全世界的特蕾莎修女在加尔各答孤儿院墙上的诗，值得每一个有理想的人铭记：

> 人们经常是不讲道理的、没有逻辑的和以自我为中心的，
> 不管怎样，你要原谅他们。
>
> 即使你是友善的，人们可能还是会说你自私和动机不良，
> 不管怎样，你还是要友善。
>
> 当你功成名就，你会有一些虚假的朋友和一些真实的敌人，
> 不管怎样，你还是要取得成功。
>
> 即使你是诚实的和率直的，人们可能还是会欺骗你，
> 不管怎样，你还是要诚实和率直。
>
> 你多年来营造的东西，有人在一夜之间把它摧毁，
> 不管怎样，你还是要去营造。
>
> 如果你找到了平静和幸福，他们可能会嫉妒你，
> 不管怎样，你还是要快乐。

你今天做的善事，人们往往明天就会忘记，

不管怎样，你还是要做善事。

即使把你最好的东西给了这个世界，也许这些东西永远都不够，

不管怎样，把你最好的东西给这个世界。

你看，说到底，它是你和上帝之间的事，

而绝不是你和他人之间的事。

桃花源vs应许之地

如果你是和平的大使，说明世界在战争里；如果你是健康的大使，说明世界在疾病里；如果你是快乐的大使，说明世界在痛苦里；如果你是爱的大使，说明世界在仇恨里；如果你是幽默的大使，说明世界在乏味里；如果你是自由的大使，说明世界在捆绑里；如果你是平等的大使，说明世界在压迫里；如果你是民主的大使，说明世界在独裁里；如果你是领导力的大使，说明世界在迷茫里；如果你是智慧的大使，说明世界在愚昧里。

欢迎来到地球，充满麻烦、哭泣和愤怒的世界，但我们都知道，如果我们愿意，我们都可以带着上面来的"呼召"挺进，而不是逃离。因为我们其实无处可逃。

陶渊明是一个伟大的童话作家，他的主要读者是中国的成年知识分子和诗人。陶式的童话故然是优美的诗歌，但那绝不是现实，他不愿意为"五斗米折腰"，他来到了"芳草鲜美，落英缤纷"的桃花源，他一边喝酒一边赏菊，他说他的心在遥远的地方，所以他逍遥自在。陶渊明很显然是一个非常体面、充满诗意的逃离者。

根据《中华读书报》的报道*，中国有30个地方在"据理力争"自己是桃花源本源，可见桃花源在中国人心目中的地位。但很遗憾，绝大部分人去古镇生活上几天，就马上知道那里绝对不是世外桃源。

看过一篇报道说北京的一对夫妻卖了北京的房子，然后买了大理的别墅，过了一段时间发现，原来"桃花源"也可以很无聊，此外夫妻发现大理无法满足孩子的教育问题，于是又搬去了成都。

---

* 《中华读书报》2015年12月02日 08版

我见过很多非常优秀的人移民到发达国家，过着"好山好水好寂寞"的日子，移民是现代中国的"桃花源"。但不要误会我的意思，我不反对移民。无论是否移民，都未必能说明你是挺进者，这是一种人生态度，留在国内的仍然可能是一种逃避者。你是我的读者也好，还是我有机会和你当面沟通也罢，我都会跟你说，愿意挺进自己的"应许之地"的当然是少数，但你愿意做少数吗？

就像《盗梦空间》中齐藤激发柯布的话："你是愿意放手一搏，还是甘愿成为一个充满遗憾的人，孤独终老？"希望你不是。

我经常去莫干山过周末，认识了一个民宿的老板，跟我年龄相仿，2000年以前分配工作到上海，跟我落脚的地方竟然只隔了一个街区。他之所以来到莫干山是因为前面做生意的时候，有太多的不得已，他觉得开一个民宿吧，自己喜欢，也可以款待人。他在建第二个点的时候，我刚好又去度假，亲眼看见这个亿万富翁和工人一起打造梦想：一个没有蚊虫叮咬、带壁炉和透明天窗的土坯房子，完全被翠绿的竹子围住，美极了。成了朋友之后，他经常跟我分享他的新事业。那时的他渐渐发现，村里的套路更深，派出所和村长都不是那么淳朴。**每一次爬上莫干山，竹子上刻着的承包农民的姓氏，都让我陷入深思：在地球上，疆界已经划定过了，无论哪里都有法度，都不会100%的遂你的心愿，你入了乡，必然要和某些"俗"发生摩擦。**后来，这位财富自由的朋友开始转让自己的民宿，因为他移民去了新西兰，这个在发达国家中也算与世无争的国度，他一边学英语，一边上MBA。由于2020年开始的疫情，他的民宿当然没有转让掉。最近他突然跟我联系，说他想回国干一番事业了。

很显然我的朋友已经尝试了所有的桃花源，现在他要回归"应许之地"，现在是2022年的5月，如果年底这本书出版的时候，我希望可以亲手送给他，并提醒他：朋友，这次创业的时候，别为了钱，也别为"桃花源"，请为你的命定战斗一次！

成语"无商不奸"是指不奸诈就不能作商人，但这是后人的篡改，原文为"无商不尖"。 出典为旧时买米以斗作量器，卖家除了要将斗装满之外，还要再多舀上一些，让斗里的米冒尖儿。无商不奸这个道理已经深入了我们的骨髓，但擦亮我们的眼睛吧，我们的祖宗的原话是无商不尖。这是一种价值观，指的是做生意的人要慷慨。卖米这个行当和我们每天的生活息息相关，古人警告我们，不缺斤少两是不够的，真正的生意人要慷慨、要给予。所谓的做生意，不是为了赚取金钱，而是赚取人心；并不是要获得利润，而是要获得人心。这个人心就是领导力，而领导力的内核就是价值观。

华人需要觉醒，经济上的自由无法购买自由本身，自由是进入命定的"应许之地"，是挺身进入，不是逃离。

那些向往"桃花源"的都和古代的以色列人一样，最后的结局是在一个旷野里徘徊，最后倒毙；而奋不顾身冲进"应许之地"的，都发现那是一个流着奶与蜜的地方。

三层台阶

放弃桃花源的梦境，挺进激昂的"应许之地"是令人无比兴奋的。但如何一步一个脚印的走好这个路程呢？我们可以记住三个词，走好这三层台阶，如**图7-2**。

第一层台阶是信徒。这个世界从来不缺乏知识分子，太多的人学习了太多的知识，有了太多的knowhow，但未必产生影响力。影响力的第一层台阶是信。财富传承执业者第一期的学员曾经问过我一个问题："认知和实践哪个在先呢？" 这是一个很好的问题，和稀泥的说法可能

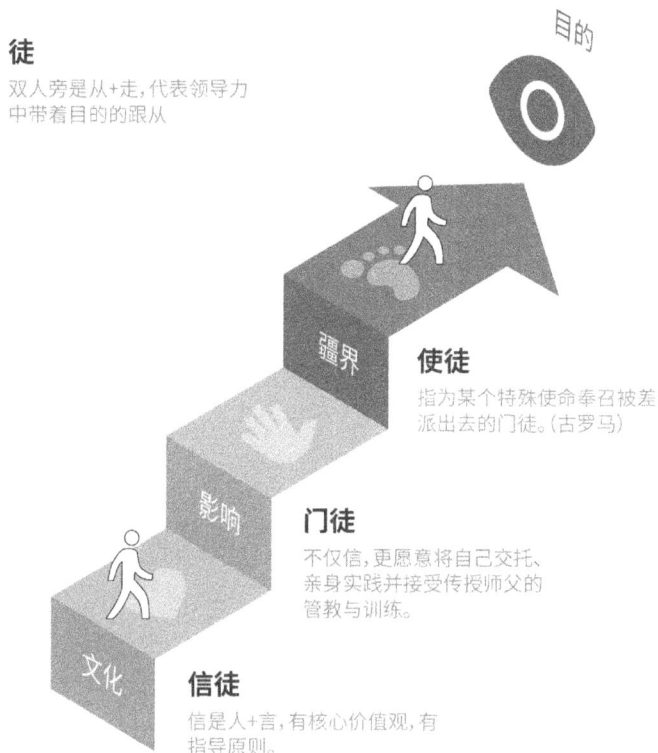

徒
双人旁是从+走，代表领导力
中带着目的的跟从

目的

疆界

使徒
指为某个特殊使命奉召被差
派出去的门徒。（古罗马）

影响

门徒
不仅信，更愿意将自己交托、
亲身实践并接受传授师父的
管教与训练。

文化

信徒
信是人+言，有核心价值观，有
指导原则。

图 7-2　挺进应许之地的三层台阶

是，边学边做，边做边学。对于学做一个菜或者裁剪一件衣服，这样说
没有多大问题，但对于决策者来说，机会成本就摆在面前，艰难的决定
意味着信息永远都不足，所以最需要的是信心。"信是所望之事的实
底，是未见之事的确据。*"信心是一种看不见的力量，有这样信的人被
称为信徒。

　　"信"字由两部分构成，左边的偏旁是"人"，右边的偏旁是
"言"。跨代领导力的第二象限是"培育文化"，而语言作为思想的载
体是文化的手段。信就是相信有真理权威之人所说的话。所以人要有谦

_*《希伯来书》11:1

卑之心和受教之灵，只有如此，自己、家族、团队才能从伟大的信仰中受益。

在学（认知）和做（实践）之间经常被忽略的部分就是信，因为我们所有自主的人的决策都由自己的信念发出。罗伊·迪士尼说："当你知道你的价值观是什么的时候，决策并不是难事。" 在内心坚信的基础上，核心价值观才能被践行出来。

如果大卫·格林家对于维护生命权这件事只是知道，甚至明白所有的细节和原理，也认同，但不笃信这是对的，那么他们就不会坚持去做让自己的家族和家族企业有风险的事情。

第二个台阶是门徒。门是通向大厅和内室的必由之路，我们通常说入门和门派都强调了有某种信念的人群在实践的过程中对自己信仰的终极献身。

信徒未必是门徒。这里我们有必要温习一下叶公好龙的故事*。叶公非常喜欢龙，衣带钩、酒器上都刻着龙，屋子内外都雕刻着龙。他这样爱龙，被天上的真龙知道后，便从天上来到叶公的住所，龙头搭在窗台上探看，龙尾伸到了厅堂里。叶公一看是真龙，转身就跑，被吓得像失了魂似的，惊恐万状，茫然无措。由此看来，叶公并不是真的喜欢龙，他喜欢的只不过是那些像龙却不是龙的东西罢了。

一个人可能真的赞同某个价值观，但因为人自身的问题，不愿意为一个自己所尊重的价值观买单。比如，一个人特别崇尚公平，但在大的利益面前他就放弃了公平的原则。

---

* 汉代刘向《新序·杂事五》

这样人就违反了领导力原则中的"正直"定律，即跨代领导力竖轴所代表的信心与行为的合一。我们在第三章《跨代领导力概论·领导力坐标轴》中已经详细论述过这个问题。

比如一个父亲如果在自己的办公室里、家里的墙上，写满了家训和座右铭：以信为本，但他做生意和对待自己的妻儿都是不讲信用的。那么无论是公司还是亲族里面的人，都不会跟从他，这样，他就不会有领导力，也不会有传承。

第三个台阶是使徒。使这个字是一个人字偏旁加上一个官吏的吏，表示一个被充分授权的人，来到某个地方，去执行特定的使命，就像一个大使一样。使徒是一个外来词，是大使和门徒的结合。说是大使，意味着他有充分的授权，且代表差遣他的国王；说是门徒是因为这样的人有坚强的信念，且言行一致，不像我们印象中的一个大使，是一个每天只说官话的官僚。在古罗马时代，使徒（Appostle）不是简单的大使，而是罗马征服了一个地区之后，会设立一个叫做Ecclesia的公民议会，这个议会的首脑就是Appostle。Appostle会将这个地区彻头彻尾的罗马化。

伟大的罗马也是从三个家族*逐渐开始的，古罗马的扩张历史固然伴随着血腥的战争，但这个人类历史上最悠久、影响最深远的帝国，他的疆界扩张其实是价值观的扩张。我们仅以罗马经过三次布匿战争，打败迦太基为例。虽然迦太基有汉尼拔这样伟大的将军，但迦太基在核心价值观上却无法和罗马相比。罗马人和迦太基人最大的区别就是前者拥有数量巨大的公民和同盟，而后者拥有数量巨大的奴隶和雇佣兵。公民和同盟被凝聚起来需要诚信和尊重这样的价值观（Values）；而奴隶和雇佣兵需要的是金钱（Valuables），以及用金钱雇佣的暴力。在罗马和他的同盟者们不停的加固城墙的时候，迦太基在互相猜忌中不停的拆除国土上的城墙。富甲天下的迦太基在扩张竞争中一败涂地。

---

* 古罗马三大家族包括：1）尤利乌斯家族，代表人物凯撒；2）布鲁图斯家族，代表人物布鲁图斯；3）西庇阿甲族，代表人物大小西庇阿。

　　所以Appostle从罗马出来再自然不过了。但如果认为罗马的扩张仅仅是军事的残忍，那就太幼稚了。同样是庞大的帝国，秦的历史短暂得可怜，秦和迦太基有同样的问题，那就是拥有的自由民太少，更不要说公民了。

　　价值观的扩张是使徒崛起的结果，一个有使徒的民族，前景不可限量。

从一滴水走向海洋

2000年，比利时的软件工程师德赖斯发布了一个开源内容管理系统软件叫做Drupal*，是荷兰语水滴（英文是Drop）的意思。和微软（Microsoft中的Micro是微小的意思）起名方法一样，非常的谦卑。Drupal作为一种开源软件，属于自由及开放源代码软件（FOSS†），任何人被授权后都可以自由的使用、复制、研究和以任何方式来改动软件，并且其源代码是开放和共享的，因此人们被鼓励志愿的改善软件的设计。Drupal这个小水滴是不容小觑的，到2019年，全球有1.9%的网站都是Drupal制作的，而且多数都是最有影响力的网站：政府网站如白宫、大学网站如牛津、企业网站如特斯拉。

Drupal为什么会如此成功？是因为免费吗？但跟Drupal同一个时期的免费软件多如牛毛。Drupal的成功乃在于Drupal社区的成功，Drupal社区的口号是 **"为软件而来，为社区留下。‡"** 笔者作为Drupal的爱好者和Drupal公司的投资者是有非常切身体会的。社区最大规模的活动是Drupal大会，我参加过三次。开始的时候我带着团队用传统的方法买展位，做硬广，但后来我发现，大会上的公司和程序员都是以分享和建设Drupal为出发点的，没有着急做生意的，甚至名片都不发。直到我参加一个分会场的活动，我才完全理解了。这个分会场叫商业峰会，即Drupal公司的老板参加的，参会规则是禁止销售，谁销售立马就被请出去。这个商业峰会上，大家交流了很多很有意思的经营思路，但直接令我折服的一个环节是我们大约100人的参会者一起做的一个调查：你公司总收入有多少会投入用于营销？结果是令人惊诧的，几乎所有的Drupal公司在营销上的投入占收入的比例是低于10%的，超过一半以上根本没有广告的预算。

---

* https://www.drupal.org/

† https://zh.wikipedia.org/wiki/自由及开放源代码软件

‡ Come for the software, stay for the community.

是什么在驱动Drupal社区的发展呢？后来Drupal协会的理事跟我说，"在Drupal，我们就像一个家族企业。" 是的，Drupal并不竞争，但整个Drupal家族都在扩张。在接下来发展的历程中，我通过Drupal的社区获得很多世界五百强、大学和政府的客户，以及特别要好的朋友，包括同在上海其他的Drupal公司。

Drupal的成功启示了家族式扩张的真谛，即价值观的扩张。放弃"垄断"和"竞争"，用"开放"与"协作"作为自己核心价值观和使命。这样一来，本来要做敌人（竞争对手）的人反倒成了朋友，疆界变得无比的宽广。

Drupal商业峰会上的"禁止兜售"的行为准则是至关重要的，坚守这个准则就将"竞争"作为驱动的行为禁止了，也将自我竞争的要素掐死了，而留下的是"协作"驱动。所有扩张都让我们想到竞争甚至战争，但通过战争获得的疆土，哪个长久了呢？亚历山大、成吉思汗、拿破仑、希特勒都失败了，**说到底，扩张必然是心灵的扩张，是认可和爱在扩张。**

看看我们的生活：夫妻竞争、父子竞争、同族竞争、同行竞争，都是以扩张的名义。但实际上，通过分裂，我们获得的是更小的影响力、更少的满足和平安。这种分裂是一种智慧的缺失：即我们将眼光从我们永恒的目的上移开，却关注暂时的利益；我们将力量从我们共同的责任上移开，却关注如何让自己控制一切；我们将心态从带着命定的扎实奋斗移开，却关注暂时生存的退路。

Drupal曾经是一滴水，但现在已经是一片海洋。这是跨代领导力的一种胜利，因为Drupal唤醒无数滴水关注他们本来需要关注的目的，并一起献身。

在世界的巨人面前，个人和家庭似乎是那么微不足道。但如果我们用跨代领导力的思维更新我们自己，我们就像大卫打败巨人一样，既能用价值观的信仰征服人类社会生活的各个领域，也能用代际传承征服死亡和时间！

唤醒狮子和鹰

东方睡狮

相信无数的读者，都听过拿破仑的这一句名言："中国是一头沉睡的狮子。"作为西方著名的变革者和征服者，以及欧洲大陆建立强大帝国的君主，拿破仑的话含金量自然极高，他的这句"睡狮论"也火遍了中国，被中国近现代的很多名人引用，虽然好奇的学者经过研究，却也无法找到这句话的出处。但在中国文化与世界文化激烈碰撞的19世纪，中国的自信遭受空前打击的同时，中国可能觉醒并成为世界威胁的论调从来没有消失过。这句话被中外人士反复引用，说明这是一个重要的文化论题，那就是中华民族到底是不是影响世界的民族，如果是，是什么时候？

随着中国经济的崛起，国人的生活水平越来越接近世界发达国家的水平，很多人觉得我们现在就是狮子了，不再是东亚病夫，不再落后挨打，不再吃不起饭了。但我们可能忽略了一点，**没有人否认我们是狮子，只是别人说我们睡着了，所以还没有影响力。**

沉睡还是清醒才是问题的关键。

根据国务院发展研究中心2022年公布的数据：近10年以来，中国整体公益资源总量占GDP的比重约为0.38%，远低于美国2.3%以及新西兰2.8%的水平。从捐款总量上来看，2021年中国慈善捐款总量仅为美国的4.7%，约等同于美国20世纪70年代末的整体水平。

狮子是王的象征，王是恩泽的施予者，秩序的维护者，但我们这个GDP世界第二，不要多久就可能第一的国家，我们在善举这件事上竟然不到美国的20分之一，我们还能说我们是醒的吗？

作为经营了十几年国际信托的执业者，我痛心的发现，大部分中国客户设立的信托还是停留在资产保护信托这个层面，即"逃避"，但不是"挺进"这个世界、去塑造这个世界。

最近有一个向我咨询的潜在客户，她说她要设立一个公益信托，用来捐钱给美国的大学，然后帮助客户的孩子被美国的名校录取。我当然拒绝提供服务。试想，如果一个孩子知道自己可以上那个美国的名校是因为一个公益信托变相的贿赂了这个大学，他如何有好的价值观呢？他如何看待金钱呢？他必然膜拜金钱，因为金钱可以购买特权，购买学历，购买一切。如果他上的是哈佛大学，而哈弗的校训是真理。这个孩子的心中难道不是永远以金钱为真理吗？他会认真去学习法律或者科学，并以其为真理吗？

"你们必晓得真理，真理必叫你们得以自由。" *

如果我们坚持用金钱和权力作为我们的核心价值观，影响我们的后代，那么我们的后代永远都不可能成为正面影响世界的有尊荣的狮子，而只会是不择手段的狼性文化。

没有人否认我们是狮子，否定我们的是我们自己。

---

* 《约翰福音》8:32

小鹰和小鸡

《小鹰和小鸡》的寓言流传的非常的广：

一只小鹰在鹰妈妈外出觅食时不慎掉出来，刚巧鸡妈妈看到，便拉回去和一群小鸡放在一起喂养。

随着时光流逝，小鹰一天天长大了，也习惯了鸡的生活，并且鸡们也全把它看成是自己的同类。它也和它们一样出去，在地上跑来跑去刨食，从来也没试过要飞向高空。

一天，在小鹰外出觅食时，忽然碰到了鹰妈妈。鹰妈妈见到了小鹰惊喜极了，对它说："小鹰，你怎么在这里，随我一起去飞向高空吧！"小鹰说："我不是小鹰，我是小鸡呀，我不会飞，天那么高，怎么飞得上去呀？"

鹰妈妈对小鹰有些生气，但她还是大声地鼓励它说："小鹰，你不是小鸡，你是一只搏击蓝天的雄鹰呀！不信，咱们到悬崖边，我教你高飞。"

于是，小鹰将信将疑地随鹰妈妈来到了悬崖边，紧张得浑身发抖。鹰妈妈耐心地说："孩子，不要怕，你看我怎么飞，学我的样子，用力用力。"小鹰战战兢兢，在鹰妈妈的带动下，展开翅膀，他真的飞上了天空。飞在高高蓝天的小鹰看着地面树木和山岭，他感叹说，认识自己的身份真是太重要了。

物质财富的数量绝不能定义你是鹰还是鸡，如果你还不确定，不妨快跑，并煽动你的翅膀，感受一下蓝天对你的拥抱。

这个寓言不仅仅适用于财富传承执业者和财富家族成员，也必然适用于所有人。造物主既然按照他的形象造了人，那么人的尊荣必不可磨灭。

尊荣如日，乍现东方，彩霞满天！

我们心中源源不断对永恒的渴望将我们托起，古今中外为尊荣付上代价的传奇事迹，如云彩般环绕我们，此刻似乎天上有声音说：你们就是那被拣选的族类，出黑暗入光明的时候到了！

鹰必要翱翔长空，虽然他被领到悬崖边的时候颤抖过，但并不意味着它就不是一只鹰。

必然是一只雄鹰告诉另外一只雄鹰，我们是雄鹰，我们一起飞翔吧。

必然是一只狮子告诉另外一只狮子，我们是狮子，我们一起做王吧。

如果一只狮子怕唤醒另外一只狮子，只想自己独自做王，那他可以去照一下历史的镜子，他的血统绝不是王者。因为**真正的领袖必然以唤醒领袖为己任，只有孕育未来领袖的人才是永远的领袖！**

第七章：扩张疆界

跨代领导力信条练习

	作者的信条	我的信条
1	扩张是核心价值观的扩张。	
2	在我们和命定的"应许之地"之间必有一战。	
3	精致的利己主义者，因为信心和行为的不合一，不会产生影响力，也就不会有传承。	
4	"大任"和"应许之地"是从上面来的，是被发现的，是领受的。	
5	要想撬起世界，它的最佳支点不是整个地球，不是一个国家、一个民族，也不是别人，它的支点只能是自己的心灵。	
6	扩张的三个台阶：信徒、门徒和使徒	
7	没有人否认我们是狮子，只是别人说我们睡着了，所以还没有影响力。	

附 录

附录一：《价值密码》卡片分类桌游

价值观与生活

你知道吗？成年人平均每天会做出70个有意识的决策，而这些决策的做出和我们的价值观息息相关。不管我们是否意识到，价值观永远是指导我们生活的基本原则。

过往的成功和失败的时刻是检验我们价值取向的最佳节点，回忆一下我们生活的高山和低谷，你会发现，在得意和失意之间，我们心里的价值观一直在与我们对话。

"价值密码"卡片分类桌游会帮助你更好的进行这场对话，更加清晰的发现你的核心价值观，引导你与心中的"真理"对齐，从而拥有丰盛的生命传承！

使用方法

1、逐一阅读每张卡牌，选出跟你有共鸣的卡牌，将没有共鸣的卡牌放在一边。

2、回忆你生活的高山和低谷，哪三个价值观是对你的决策影响最大的，请把他们选出来，将其他的放在一边。

3、根据重要性将三个价值观进行排序。

4、根据你的核心价值观撰写你的人生异象和使命。

5、组织讨论，根据你的核心价值观分享你的人生故事。

4A深度应用

参与禾场的"价值密码"跨代领导力工作坊可以在以下四个维度，更加深入的提升"核心价值观"在个人、家庭或组织中的巨大驱动力。

AWARE 觉醒：在四个价值象限中识别和定义我们的核心价值观。

AFFIRM确信：通过系列专业问题，进行反思和评估，确认这些价值观是属于你的。

APPLY应用：寻找突破，战胜困难，将这些价值观付诸行动，真实的活出来。

ALIGN对齐：组织家庭成员或团队进行价值观发现，确立家族或组织的核心价值观，并运用实施。

道德

【道德】
尊重
对自己或他人的重要性和价值予以表达。

【道德】
平等
一种理念的实践：每个人都应该有平等的权利和机会。

【道德】
担当
为自己的行为承担后果。

【道德】
谦卑
更多考虑他人而不是自己。

【道德】
牺牲
放弃某些你本来要保留的东西，尤其是这样做没有任何个人回报的时候。

【道德】
原谅
不对人怀怒，即使别人是错的，也接纳。

【道德】
公义
公平、平等、责任，要对后果负责。

【道德】
正直
即使面临压力迫使偏离的时候，仍然在行为上忠于心里认定的。

【道德】
诚实
即使在撒谎更加方便和有好处的时候，仍然进行真实的沟通。

【道德】
荣耀
通过高贵的行为赢得的他人的尊重。

【道德】
忠诚
长期委身于某人或某个计划，经历试炼也不放弃。

激
励

【激励】

耐心

在等待中保持坚定的和平，没有施压，接受延迟，不发怒。

【激励】

可信

可以被依靠；提供的是所需要的，是正确的。

【激励】

信心

强大持久的信念；在没有直接证据的情况下，信任某人或某事；一种超越可度量的契约的信心。

【激励】

善良

考虑到他人，并关心他们。

【激励】

智慧

用知识和经验做出好的决定和判断。

【激励】

勇敢

做困难和危险的事情。在面临障碍和损失面前，仍然选择继续。

【激励】

乐观

对事物采取积极的看法，相信好的事情会发生，即使在有苦难的时候。

【激励】

慷慨

付出时间、劳力和资源，但不求相应的回报，为了他人的好处而牺牲自己。

【激励】

感恩

无论环境如何，对良善的感激。

【激励】

恩典

怜悯和善意的馈赠，不是靠做工挣来，也不是用什么交换来的。

【激励】

接纳

欣然接受其他人的观点和做法；接受与自己不同的人群。

效
力

【效力】

成就

通过努力工作达到目标，不仅根据付出，而是根据成绩来衡量价值。

【效力】

认可

承认其他人的成就和贡献，以及它们与生俱来的价值。

【效力】

自立

一种可以赋能的自立，让人可以自己决定自己的方向，不需要依赖他人和某种必要条件。

【效力】

健康

能够让生活实现令人满意的身体条件，且有一个欣赏和享受它的精神状态。

【效力】

生产力

创造或完成的效率，更多数量的成就，更快的进程。

【效力】

决心

即使有挑战，也全力以赴，面对困难坚持努力奔向目标。

【效力】

自控

为了更伟大的目标，尤其是在困难的情况下，约束自己的情绪、欲望和行为。

【效力】

知识

从经验和教育中学习，从而创造自我觉醒，让一个人可以实践或者理解事物。

【效力】

企业家精神

去发起一个新的商业企业的领导力、能量和执着。

【效力】

影响力

影响力是用一种别人所乐于接受的方式，改变他人的思想和行动的能力。

【效力】

领导力

一种个性的力量，在共同目标下引导他人和激励他人跟从，从而建立关系的能力。

艺术

【艺术】

创新

在发明新事物和发现新思路上，保持开放的态度，寻找新的做法并积极应用。

【艺术】

幽默

对意料之外的生活瞬间大笑的能力，用搞笑的方式与其他人建立连接，能够发现事物轻松的一面。

【艺术】

经验

与一个主题的一手互动，重视多年的经验积累。

【艺术】

艺术性

为了实现更高的表现力，竭力打磨创作技能。

【艺术】

精神性

努力与更高目的相连接。

【艺术】

连接

在更深的层次上与他人相关，让持久的粘合可以产生，让有意义的社区可以被建立。

【艺术】

美

超越表面的，给感官带来愉悦，给心灵带来意义的品质，一种强烈的愉悦或深深的满足。

【艺术】

快乐

寻求个人满足和个人享受。

【艺术】

传统

尊重习俗和世世代代传说的故事。

【艺术】

卓越

努力脱离平庸，即使要付出更多努力也要追求更高的水准。

【艺术】

独一性

重视原创，鹤立鸡群而与众不同。

附录二：《财富探索》破冰桌游

如何组织小组讨论 介绍卡

每3-5人一组,每个小组指定一名主持人,每个小组有一副牌。主持人拿好介绍卡、大王卡和小王卡后,宣读介绍卡另外一面的《财富探索卡牌简介》,展示并解释大王卡和小王卡的意思,再将大、小王卡放回牌堆中,并随机给每个组员发3-7张牌。分到大王卡或小王卡的组员需要亮出大王卡或小王卡。

开始讨论前由主持人简述下列提示:

1. 你觉得哪个问题比较容易回答? 哪个问题比较有挑战? 为什么?

2. 哪些问题你觉得需要进一步探讨?

3. 基于你的发现,你下一步想做什么?

4. 你的下一步行动都需要哪些帮助?

☀主持人也可以将上述提示写在白板上。

☀你可以根据具体情况自定义上述提示的内容。

☀为了方便讨论,可以为每个人准备纸和笔。

财富探索卡牌简介 介绍卡

如何看待和运用财富、传承财富,关乎生活的幸福和生命的意义。无论是个人还是家庭,对这个话题的真诚探索都会带来意想不到的收获。财富探索卡牌为中国的财富管理从业者、财富人士和财富家庭提供了一个全新的工具。通过这个工具,使用者可以在轻松的氛围中,让思考得到激发、理念得到澄清、对话得到引导,从而发现我们的理念会怎样影响我们的决策,我们的财富实践和我们所相信、所宣扬的信息是否一致。

询问 大胆直面一些自己从来没有问过的问题,了解自己和他人。

践行 进行深刻的自我反思,并考虑自己下一步的行动是什么。

倾吐 在隐私安全的情况下,鼓励说出自己的故事和想法,并富有同情心的去倾听他人。

讨论 通过这些问题进行开放性的探索,激活建设性的交流与互动。

大王卡

你可以向任何人问一个问题

财富探索

小王卡

任何人都可以问你一个问题

财富探索

在你的家庭里,男性或女性家庭成员得到财富方面的教导有什么不同?

财富探索

金钱是如何强化或者阻碍着你要传承的东西的?

财富探索

你希望你的财富能够传承几代?

财富探索

你的行为是如何体现你对金钱的看法的?

财富探索

关于你家庭的资源,你是怎么和孩子们沟通的?

财富探索

如果你有三个重要的关于财富方面的信息跟你的孩子讲,你希望是哪三个?

财富探索

你的财富在哪些方面影响着你的生活?

财富探索

工作在你的生活里面扮演着什么角色?

财富探索

在你的心目中一个企业家应该有哪些特征?

财富探索

你对财富要传承到下一代有什么感觉（如兴奋、期望、怀疑）？

家庭财务稳健对你来说是怎么衡量的？

在你的家庭里，关于财富方面的决策是怎么做出来的？

你的金钱座右铭是什么？

你是怎样选择你的投资建议人的？

有哪些支持帮助或者技能可以帮助到你更加公开的讨论财富呢？

如果有一个品格对创造财富来说最重要，你觉得应该是什么？

在你这一代人，影视和社交媒体是怎样影响你对财富的看法的？

如果明天你所有财富都消失了，你怎样才会觉得自己是富有的？

财务自由对你的家庭意味着什么？

财富探索

如果在年轻的时候给你选择学习财富管理方面的知识，你会选择学习什么？

财富探索

你会怎样教育和引导你的子女，预备好他们，让他们迎接将来的财富机遇和责任？

财富探索

针对经济基础不同的人群，你是怎样处理人际关系的？

财富探索

在什么样的情形下，你觉得你需要隐藏你的财产？

财富探索

你觉得其他人都是怎么看待富人的？

财富探索

在物质财富以外，你怎样定义富有？

财富探索

在有钱人中，你最敬佩谁，为什么？

财富探索

你投资你的钱财的方式是什么？

财富探索

我觉得我的开销
　1)太多了
　2)很少
　3)刚好

如果让你用钱来解决社会问题,你会专注哪个问题?

你的一生要结束了,你想用余钱干点什么?

在你的家庭家族成员以外,你觉得谁可以从你的富有受益?

你如何告诉别人有些东西是钱买不来的?

从你的父母那里,你学习到关于钱方面的信息有什么不同?

要你来做慈善赠予,你能接受的比例是多少?

生活中财富给了你哪些自由?

你们家族中一直被传扬的有关钱的故事是什么?

你第一次意识到要累积财富是什么时候？ 财富探索	你所受的教育是如何教你看待经济基础不同的人的？ 财富探索	我的财富是用来 ＿＿＿＿＿＿＿＿。 财富探索
你早年的生活经验和经历，对你的财富观有哪些影响？ 财富探索	你的钱是怎么赚来的？ 财富探索	你和你的家人以及不同辈分的人，对金钱的看法有什么不同？ 财富探索
你存钱的哲学是什么？ 财富探索	我为什么会在某某事情上花费最多的时间和金钱？ 财富探索	如果你现在已经有足够的钱让你不需要工作，那你会去做什么？ 财富探索

在财富和资源的价值观上,你和你的家人属于"言行一致"的吗?

财富探索

你觉得跟谁讨论财富和特权问题最舒服,为什么?

财富探索

如何使用你的财富让生活变得充实有意义?

财富探索

你会在什么时候感觉到因为有钱你和其他人有点格格不入?

财富探索

你觉得你的钱花在什么地方让你最爽?

财富探索

我的财富让我觉得

_____。

财富探索

附录三：《看见传承》卡片分类桌游

二人若不同心，岂能同行呢？

———

《阿摩司书》之先知的任务

看见传承

第一步

直觉发现最有共鸣的三张牌

人手一副卡牌，带着"我的传承是什么？"这个问题，用3-5分钟，凭着直觉选出三张最有共鸣的牌。

◆提示：图片都是你的渴望的"比喻"或"线索"，不要卡在图片的内容本身。

第二步

思考后将三张牌进行排序

根据你愿意投入时间、金钱、关系和才能的程度，通过思考，将三张牌排序。

◆提示：没有标准答案，不存在最好的组合，你的目的是了解自己。

第三步

小组讨论激发更多

基于以下三个问题每个组员进行陈述，其他人可以参与互动，组长记录主要关键词，结束后将记录送给该组员。

· 你在卡片上看到了什么？
· 激起了你什么思绪（故事、梦、感觉）？
· 在你的现实生活中对应着什么？

行动

撰写异象和使命宣言

根据其他人记录的你的描述，用自己的语言，写下为了实现这样的传承，你现在的人生使命和异象是什么。背景可以是家庭、商业、传承、团队等等。

对齐异象提升领导力

预备足够多套卡牌，在家庭成员之间、组织内部、与客户、与伙伴一起开展这样的小组讨论，深度碰撞使命和异象，并用四象限法激发自己或组织的领导力。

禾场

引领传承实践 祝福中国家族
www.myhechang.cn

介绍

启动右脑，看见传承

"我的传承是什么？"《看见传承》卡牌分类桌游，可以帮助个人、家庭、团队或组织更有效的找到此问题的答案。传承是活出异象的过程，异象源于心灵里的看见。借助卡牌，我们可以启动我们的右脑，帮助我们打开心扉，看清楚我们为什么来到这个世界。

如需预定卡牌，或者想通过
禾场组织类似的领导力激发活动，
欢迎联系我们。

关注视频号　　扫码联系

附录四：例证应用索引

例证	价值观或指导原则	领导力象限	页
不穿鞋子的岛	成就【效力】乐观【激励】	疆界	2
达利欧的不老之身	不朽的产品=摇钱树，是谎言	目的	4
一亿别墅成年礼	产品好≠传承好	目的	5
一个烧钱的故事	自力【效力】牺牲【道德】	影响、文化	10
弗兰克在奥斯维辛	人生意义可以治愈心灵	目的	13
有多少爱可以重来	先解决Why，后解决How	文化	25
伊森的富贵病	摒弃金钱购买特权的思想	目的	28
四叔的尴尬	先传智慧，后传财富	文化、影响	32
中南海四合院	拖掉是爱的缺失	影响	35
餐馆突然倒闭	自控【效力】精神性【艺术】	目的、影响	37
跳火车的外祖父	勇敢【激励】	疆界	42
大卫打败巨人	信心【激励】经验【艺术】	目的、疆界	46
15分钟扭转话题	让跨代领导力成为驱动	目的、文化	50
杜斯血战钢锯岭	领导力【效力】正直【道德】	目的、文化	68
长生不老	与时间赛跑的没有赢家	疆界	71
以斯帖战胜黑色13	担当【道德】牺牲【道德】	目的、疆界	72
丘吉尔临危受命	决心【效力】公义【道德】	目的	74
传承的冰山模型	"动机"部分占90%	目的	78
阿甘的巧克力	乐观【激励】接纳【激励】	文化	86
约瑟5P传奇人生	信心【激励】公义【道德】	目的、文化	89
利甲独立骑士团	传统【艺术】自控【效力】	目的、疆界	96
穿越大半个中国去睡你	文化是社会性的。	文化	113

例证	价值观或指导原则	领导力象限	页
罗斯柴尔德家训	家训是文化，是精神性的。	文化	114
柯布的图腾	知识【效力】智慧【激励】	文化	118
苏格拉底的智慧	智慧【激励】正直【道德】	文化	121
可乐自由	满足感曲线原理	文化、影响	131
炫富爱国者	资金的全面用途	文化	131
格林家族会议流程	夫妻一体原则	文化	136
焚券市义	领导力不是来自职位和特权	影响	139
华盛顿的辞职典礼	正直【道德】领导力【效力】	影响	152
门得模式	让"道，即目的"成为大股东	目的、影响	154
始皇日批奏折5万字	控制狂人没有领导力	影响	156
小岛国王	财富意味着责任。	影响	164
中美洲扶贫	用异象放大影响力	目的、影响	169
格林家族会议	勇敢【激励】公义【道德】	疆界、文化	173
拴住十吨重的大象	拔出自我否定的橛子。	文化、疆界	177
两人抬的葡萄串	乐观【激励】领导力【效力】	疆界	178
布匿战争	认可【激励】平等【道德】	疆界	197
Drupal商业峰会	尊重【道德】生产力【效力】	疆界	199
小鹰和小鸡	身份认知与领导力	疆界	204

致 谢

感谢全球著名经济学家、
价值链领域的杰出学者、
催化剂领导力智库发起人、
《互惠资本主义》作者
布鲁诺·罗奇先生（Bruno Roche）
笔者在2018年6月创立财富传承赋能机构禾场，
罗奇先生2018年8月莅临禾场演讲，
笔者有幸当面聆听教诲，受益匪浅。
罗奇先生的思想是《跨代领导力》的重要催化剂之一。

感谢美国罗纳德·布卢信托
创始人罗纳德先生（Ronald Blue）
为财富管理行业提供了无法取代的智慧财富，
本书多次引用的他的学术发现和实践精华，
希望也可以同样惠及读者。
先行者即需要伟大的信心也需要扎实的行动，
在跨代领导力的竖轴上，
罗纳德先生是全球财富管理行业
当之无愧的先锋领袖。

感谢美国著名公益慈善专家、律师
珍妮·麦克梅恩斯女士（Jeanne McMains）
毫无保留的分享她在传承规划领域的灵感、工具和经验。
这些分享激发了笔者勇敢探索的决心。
薪火相传，麦克梅恩斯女士无私点燃他人的精神，
本身就是跨代领导力的杰出榜样。

感谢门得集团创始人
门得基金会创始人
弗朗索瓦·范·尼克尔先生
(Francois van Niekerk)
他的自传《商业的荣耀》和他本人的当面教诲让我受益终生，
《跨代领导力》中有幸能引用弗朗索瓦先生的案例是荣幸之至。
弗朗索瓦是伟大的企业家，也是非洲首屈一指的慈善家，
他是一个跨代领导力的绝佳范本，
笔者希望所有《跨代领导力》的读者都
亲自去读一读他的自传《商业的荣耀》。

感谢利索服饰
轻奢服装品牌ASYOURSELF
主理人刘春梅女士
在本书写作过程中的思想分享与碰撞。
刘女士是一位杰出的创业者、投资人和慈善家，
她锁定价值观的独特投资眼光、
对孤儿寡妇的永不止息的爱、
对应许之地的超然信心和果断的行动力，
是国内高净值人群中的一道独特的风景。

致谢新加坡的邱添恩先生
他在个人信仰和社会转化方面的教导
让全球的很多知名家族受益。
他开创的《门训列邦》课程为《跨代领导力》
提供了蓝图级的启发。
我们都亲切称呼邱先生为邱爸爸，
他的智慧和爱的传承是领导力的真谛。

致谢美国律师、

著名国际基金会发起人和主席

安迪·托尔斯先生（Andy Toles）

托尔斯先生是全球慈善和公益领域的超级大使，

笔者通过这座伟大的桥梁得以进入传承领域的生命山谷。

托尔斯先生有一颗使徒的雄心，他是跨代领导力中扩张疆界的勇士。

致谢好必来创始人

大卫·格林先生（David Green）

在参加好必来总部举办的领导力峰会上，

有幸见到格林先生本人是我的荣幸，

他谦卑的出现在会议室，

没有人会相信这是一位亿万富翁。

整个格林家族聚在一起

和世界各地的企业家一起讨论核心价值观，

这是一个完美的跨代领导力的实践样本。

致谢"慷慨之旅"发起人

麦克利兰基金会董事

达里尔·希尔德先生（Daryl Heald）

希尔德先生组织的慷慨之旅庆典活动

是我最喜欢的领导力聚会，没有之一。

聚会上的信心领袖不仅改变了我的人生，

也成了《跨代领导力》的重要素材。

希尔德先生恒忍、无私而又谦卑的品行，

时常让我想起那句中国诗词：

蓦然回首，那人却在，灯火阑珊处。

致谢前卢森堡钢铁中国区CEO，

天途丝公司创始人符气清先生

作为企业家、投资者、一位父亲与长者，

符先生表现出的信仰和行为的高度合一

给了我巨大的鼓舞。

榜样的力量是领导力的核心，

符先生在生活、生命和生计中

都让人看到了信仰的无穷力量。

致谢新加坡银行家

财经记者、作家李庆发先生

李先生无私分享他作为一个银行家和财经记者

对于家族传承的洞见，

让笔者受益颇丰。

更难能可贵的是笔者有幸跟随李先生的团队一起

走访新加坡历史最悠久的信托公司

和亚洲最杰出的财富家族，

这些不可多得的经验都极大的丰富了本书的内容。

致谢WSP会员

禾场香柏会员

禾场跨代领导力会员

禾场城市合伙人

和你们一起的实践和探索，

才让这本书中的理论被检验、矫正和落地。

与你们一起为华人基业长青的伟大事业而同跑是我毕生的荣耀。

致谢为本书提供校对的
蒋亚明女士、李哲羽女士、蒋成之女士
你们严谨的态度
缜密的思维
和倾尽的心血
让这本书臻于完善。

致谢设计师毛学军先生
提供的封面和插图设计，
毛先生是一个将理念视觉化的高手，
和你一起创作是我的快乐。

致谢出版人韦胜先生
为本书的出版和发行提供的建议和帮助，
韦先生的丰富经验和专业精神
让笔者少走了很多弯路。

关于作者

刘有辉

CIL集团执行董事，
美国西领信托大中华区首席代表，
财富传承执业者（WSP），
信托与遗产执业者（TEP），
美国认证遗产规划师（CEP），
著名传承实践赋能机构"禾场"创始人。

拥有超过20年的国际财富管理架构经验，
服务众多海内外华人家族，
擅长运用国际信托为高净值家族搭建财富传承结构。

跨代领导力
线上工作坊

作为财富管理从业者，你想获得影响转化高净值客户的方法吗？
作为企业家或团队领袖，你想培养接班人，实现发展和扩张吗？
作为创富一代家长，你想影响下一代实现家庭到家族的突破吗？

跨代领导力线上工作坊是本书的落地实操集训，瞄准"富不过三代魔咒"的要害，通过"四个象限"的系统打法，带你突破代际领导力瓶颈，进入基业长青的全新境界。

开班： 每两个月1班，具体日期请微信咨询。

课时： 7周、7课、7大模块；有录制，讲解1小时，互动半小时。

资料： 手册一本，看见传承、价值密码、财富探索三套卡牌

证书： 学员将获得"禾场跨代领导力会员"称号和证书

大纲：
模块1: 驱动力
模块2: 四个陷阱
模块3: 跨代领导力概论
模块4: 发现目的
模块5: 培养文化
模块6: 塑造影响
模块7: 扩张疆界

原价：~~20000元~~

本书读者优惠价格：18000元
赠送3次复训（单次复训线上3000元，线下5000元）

微信咨询详情

www.ingramcontent.com/pod-product-compliance
Lightning Source LLC
Chambersburg PA
CBHW031427270326
41930CB00007B/598